〈全条項分析〉

日米地位協定の真

JN042749

松竹伸幸
Matsutake Nobuyuki

a pilot of wisdom

まえがき

私たちが生きているこの日本はどんな国なのか、なぜこのような国になったのか、それを変える可能性はあるのか、あるとしたらどうすべきなのか——。「日米地位協定」には、その真相あるいは深層とでも言うべきものが凝縮されています。いつも話題になる基地被害や裁判権の条項だけではなく、すべての条項からそれを読み取ることができます。タイトルの通り、日米地位協定の真実を、その全条項から解き明かすのが本書の目的です。

日米地位協定は、現在の日本政治に関心を持つ人にとっては、かなりポピュラーな用語になっていると思います。正式名称は、「日本国とアメリカ合衆国との間の相互協力及び安全保障条約第六条に基づく施設及び区域並びに日本国における合衆国軍隊の地位に関する協定」と、かなり長く覚えにくいものです。日本とアメリカの間では「安全保障条約」が結ばれていて、その第六条では「アメリカ合衆国は、その陸軍、空軍及び海軍が日本国において施設及び区域を使用することを許される」とされているので、「施設及び区域（基地のこと―引用者）を使用すること」に関する取り決めをしようではないかとして、日米地位協定が締結されたことを意味しています。

ここにある「地位」という言葉は、日常的に使われるものですが、「軍隊の地位」というのはあまり聞いたことがないかもしれません。けれども、第二次世界大戦後、平時における外国軍隊の駐留が広がるなかで、軍事の世界でも使われるようになりました。英語で地位協定はStatus of Forces Agreement（ＳＯＦＡ）とされていて、「軍の地位（Status of Forces)」という用語が生まれたのですが、軍に対して与えられる「特権」とか、逆に義務から免れることのできる「免除」などの総体を指しています。

通常、日本の領土、領海、領空にいる人は、誰でも日本の法令に従わなければいけません。そうでないと日本には主権国家の資格はありません。しかし、外国軍が駐留する場合、法令がそのまま適用されないことがあり、その場合の特権と免除の内容、範囲を定めるのが地位協定ということです。

●行政協定の改定は日本の悲願だった

ところで、地位協定の根拠となっている安保条約第六条には、先ほど引用した前段に続き、次のような後段があります。

前記の施設及び区域の使用並びに日本国における合衆国軍隊の地位は、千九百五十二年二月二十八日に東京で署名された日本国とアメリカ合衆国との間の安全保障条約第三条に基く行政協定（改正を含む。）に代わる別個の協定及び合意される他の取極《とりきめ》により規律される。

（傍点は引用者）

多くの方がご存じのように、現在の日米安保条約は一九六〇年に締結されたものですが、それ以前、一九五一年に締結され、五二年四月二八日に発効した旧安保条約がありました。その際も、駐留する米軍の地位を定めるため「行政協定」というものが合意されています。その行政協定に代わり、別の協定（それが本書の対象となる現在の日米地位協定です）をつくるというのがこの第六条後段の趣旨です。

わざわざそんなことを書くところが意味深です。別の協定をつくると宣言しなければいけないほど、行政協定は日本国民の間で評判が良くなかったということなのです。一九四五年に日本が敗戦し、アメリカに占領されて軍の駐留が開始され、その時期の米軍はまさに治外法権を謳歌《おうか》していましたが、五二年に日本が独立し、日米は主権国家同士の関係になったはずなのに、占領期と変わらないと国民が感じるほど、引き続き駐留していた米軍の特権と免除はすさまじいものがありました。

旧安保条約と行政協定の締結交渉にあたった外務省条約局長の西村熊雄は、当初はこの条約と協定の二つが一体となったアメリカ側の草案を見せられて、「一読不快」という感想を抱きます（『日本外交史27 サンフランシスコ平和条約』鹿島研究所出版会）。そして、米軍の特権を書いた部分は、国会の承認が不要な行政協定として独立させることを提案するのです。

われわれの案では、そういった駐屯軍の特権免除に関する規定を本条約の中にあげれば、条約を読む人たちは日本が一方的に義務ばかり負う愉快でない条約という感じをもたされ政治的効果を減殺するだけであるので、そのような事項は条約の委任によって別に行政協定で協定しようということになっていたのです。

（「国際時評」鹿島平和研究所、一九六八年九月号）

このように日本政府にとっても「一読不快」で「愉快でない」のが行政協定でした。そのため、日本政府のなかにも、いつの日か行政協定を大幅に改定したいと考える人々がいたようです。

●日本政府の要望がどう反映されたのか、されなかったのか

実際、日本政府は五九年、行政協定を地位協定に改定する交渉が開始されるにあたって、どの条項のどこにどういう問題点があって、それをどう改定すべきかを詳細に検討します。外務省が各省庁からの意向を聴取してそれを五七項目にまとめて「行政協定改訂問題点」という文書をつくり（一九五九年三月二〇日付）、アメリカ側と交渉することになります。この文書は、当時は秘密指定され、民主党政権下の二〇一〇年に指定が解除され公開されたものです（二〇一〇年一月に「沖縄タイムス」のウェブ版に全文が掲載されています）。公開文書によると、これを受け取ったアメリカ側は、「極めて消極的且《かつ》強硬な反応」を示したとあります。

「行政協定改訂問題点」の内容はこれから紹介していきますが、筆者には官僚の矜持《きょうじ》と限界の双方が映し出されたドラマが見えてくるようでした。政府に仕える官僚として日米関係の根幹を変えるような提案はできない、とはいえその範囲であっても主権国家としての意地は見せた

い、しかしアメリカの厚い壁をなかなか崩しきれない――。そんな苦悩や意気込みと落胆です。

本書では前文から二十八条にわたる地位協定を逐条的に取り上げて解説し、問題点を明らかにしますが、どの条項を解説する場合もそれに先だって三つの資料を掲げています。まずは地位協定そのものを上段に、下段に対応する行政協定の条文を置いて対照し、その上で前記の「行政協定改訂問題点」を紹介しています。こういう論じ方をすることによって、日本政府は主権国家にふさわしい協定にすることをどの程度考えていたのか、その考え方は貫かれたのか挫折したのかについても、読者に伝えやすくなるのではないかと期待しています。ただし、地位協定や行政協定の本文は読者には理解が簡単ではない専門的で細かい内容も含んでおり、それらに目を通さないで本文だけを読んでいただいても理解できるような論述にしているつもりです。協定のテキストで、留意していただきたい部分や本文で引用、言及などしている部分は、もとの資料部分の該当箇所に傍線を引くようにしていますので、目を通す場合もその箇所だけで大丈夫です（二十六〜二十八条と後文は解説が不要なのでテキストだけを最後に配置しました）。

一九九五年に沖縄で少女暴行事件が発生したあと、被疑者である米兵を日本側が拘束できない仕組みになっている地位協定への批判が高まるなか、筆者は「地位協定研究会」という学者や弁護士のグループの集まりに参加し、『日米地位協定逐条批判』（新日本出版社、一九九七年）

というタイトルの本の上梓《じょうし》に加わりました。主権国家同士の地位協定にふさわしいと評価されている、NATO軍地位協定のドイツ補足協定の全訳も資料として一〇〇ページにわたって掲載されています。

その頃の筆者は、日米地位協定のような不平等なものは変わるのが当然だと考えており、現在に至るまで二十数年間一行も変わらない現実など、想像することもできませんでした。地位協定に関する好著は最近相次いで刊行されていますが、問題を逐条的に、かつ行政協定とそれを変えようとした官僚の意図との対比において明らかにするという立ち位置を持つ本書が、そのなかで独自の役割を果たし、地位協定改定のために意味のあるものになることを願ってやみません。

●地位協定の複雑な要素をリアルに描きたい

なお最後に、本書の立ち位置を簡単に述べておきます。日米地位協定をめぐって、一方では諸外国の地位協定と比べて不平等であり、差別的だとする見方があります。他方で、諸外国と同じか、さほど変わらないとする見方があります。あるいは、地位協定そのものがどうあれ、日本の場合、公開されていない密約等により、がんじがらめに縛られているとする人もいます。

どちらが正しいのでしょうか。

筆者は、協定のような外国との法的取り決めも、それを含む法一般も、多様な見方を生みだすものだと考えています。二〇〇三年のイラク戦争の際、筆者は、国際法学会の理事長経験者を招いた学習会に参加しました。その方は、アメリカのイラクに対する戦争は違法だという立場でお話をされたのですが、学習会後の議論のなかで、「これを合法だとする証明もできますよ」と述べました。極端だと思われる方もいるでしょうが、実際、あの戦争が違法か合法かをめぐって、名だたる国際法学者の間で論争が闘わされていました。何十年も研究を続けている専門家でも、法的な評価が真っ二つに分かれることがあるのです。法にはそのような側面がつきまとうので、国内の問題であれば、最後は裁判で決着させるしかありません。初審の判決が控訴審でくつがえったりすることは、同じ法律が適用されたとしても、人(裁判官)により判断が異なる場合があることを示しています。

地位協定をめぐっても、同じようなことが起こります。例えば裁判権に関して、他国では事件、事故を起こした米兵が裁かれる軍法会議に、時として被害国の代表が参加できることがあり、日本にはそういう前例がないことから、「日米地位協定は差別的だ」と言う人がいます。しかし、日本と同じ文面の地位協定の国でも、軍法会議に参加できた事例はあります。力関係次第で、協定の文面とは異なる対応がされることもあるのです。

日本の場合を振り返っても、同じようなことがありました。例えばまだ行政協定が適用されていた一九五七年、アメリカ陸軍兵のジラードが演習場で薬莢《やっきょう》拾いをしていた女性を殺害する事件が起こりました。アメリカは公務中の事件だとの主張を変えませんでしたから、協定上はアメリカ側に裁判権があったのです。しかし、日本国民の激しい憤激のなかで、日本政府も日本が裁判することを求め、アメリカもそれを無視することができず、ジラードは日本の裁判所で裁かれることになったのです（結果は執行猶予付きの判決だったので直後に帰国）。

各国の協定の文面を比べてみて、明らかに優劣が明確なものは存在します。その改定を主張するのは当然です。しかし、たとえ文面に曖昧さがあっても、解釈次第では日本の主権を主張することが可能な場合も少なからずあるのです。そういう場合に、「地位協定が差別的で日本は主権を侵されている」と主張するのは、地位協定の問題点を明らかにすることには役立っても、「だから地位協定が変わらない限り現実を変えることはできない」とまで思い込んでしまっては、現状の協定下でも実現できる可能性を放棄することになりかねません。協定の条文を骨抜きにするような密約がある場合も、「密約がある限り何もできない」とするのではなく、協定本文の建前を貫かせる闘い次第では密約を跳ね返す可能性があるということです。

要するに、現行協定の不平等性を指摘して問題点を改定する闘いと、現行協定下であっても主権の平等という国家間の原理を貫かせる闘いと、その両方が求められるということです。本書は、地位協定のこうした性格をふまえ、差別性と平等性の間を頻繁に行き来するものとなります。ウラとオモテの間と言ってもいいでしょう。そこに分かりにくさが生まれることがあるかもしれませんが、それは地位協定をめぐる複雑な問題をつかもうとすれば避けられない問題であることを、読者のみなさんにも理解していただければと思います。

目次

極秘

行政協定改訂問題点（PROB

第一条

1、構成員は、「条約に基き配

中のもので、公務に関連して

2、軍属の定義は、「軍隊に

する。

3、公式議事録の「高級熱線

第二条1項

4、「設備、備品、定着物

義する。

「行政協定改訂問題点」

1960年1月19日、ホワイトハウスで新安全保障条約に調印する日米全権代表。
左から藤山愛一郎外相、岸信介首相、アイゼンハワー米大統領、ハーター米国務長官。
写真提供／時事

まえがき　3
前文——言葉の飾りを排して　18
第1条　軍隊構成員等の定義——禍根を残した「軍属」の曖昧さ　21
第2条　基地の提供と返還——既得権益を確保したアメリカ　34
第3条　基地内外の管理——排他的権利は温存された　49
第4条　返還、原状回復、補償——全面改定を求めたが叶わず　67
第5条　出入と移動——唯一、国内法適用の可能性があったのに　71
第6条　航空交通等の協力——軍事優先で米軍が管制を実施　83

第7条　公益事業の利用——米軍に与えられた優先権　93
第8条　気象業務の提供——はねつけられた「全文修正」　96
第9条　米軍人等の出入国——日本側はコロナの検疫もできず　100
第10条　車両の免許と識別——一字一句変わらず　110
第11条　関税と税関検査——包括的な免除を付与　114
第12条　物品・労務の調達——自由に、税を課されずに　123
第13条　国税と地方税の支払——広範囲に免除した上に　133
第14条　特殊契約者——全条削除を求めたが叶わず　141

第15条　米軍公認の諸機関――自由な設置と免税と　148
第16条　日本国法令尊重義務――法令尊重と法令適用は異なる!?　153
第17条　刑事裁判権――NATO並みの建前と実態と　168
第18条　民事請求権――不十分な救済の仕組み　194
第19条　外国為替管理――原則と特例と　212
第20条　軍票――不要になった規定をなぜ残すのか　214
第21条　軍事郵便局――郵政大臣の管理権は及ばず　218
第22条　在日米人の軍事訓練――一般市民を予備役に編入して　221

第23条　軍及び財産の安全措置――米軍の財産には捜査権も及ばず　223
第24条　経費の分担――特例が原則になっていいのか　227
第25条　合同委員会――組織の性格を明確にすべきだ　248
〈資料〉第26、27、28条、後文　261
あとがき　264

図版作成／MOTHER

言葉の飾りを排して

地位協定

日本国及びアメリカ合衆国は、千九百六十年一月十九日にワシントンで署名された日本国とアメリカ合衆国との間の相互協力及び安全保障条約第六条の規定に従い、次に掲げる条項によりこの協定を締結した。

行政協定

日本国及びアメリカ合衆国は、千九百五十一年九月八日に、日本国内及びその附近における合衆国の陸軍、空軍及び海軍の配備に関する規定を有する安全保障条約に署名したので、

また、同条約第三条は、合衆国の軍隊の日本国内及びその附近における配備を規律する条件は両政府間の行政協定で決定すると述べているので、

また、日本国及びアメリカ合衆国は、安全保障条約に基く各自の義務を具体化し、且つ、両国民間の相互の利益及び敬意の緊密なきずなを強化する実際的な行政取極を締結することを希望するので、

よつて、日本国政府及びアメリカ合衆国政府は、
次に掲げる条項によりこの協定を締結した。

行政協定改定交渉にあたり日本政府が問題点を検討した「行政協定改訂問題点」のなかには、前文の問題点への言及がありません。条約の前文には、続く条項を解釈する上での指針となるような考え方が置かれることもあるのですが、行政協定の前文はその種のものではなかったので、日本政府も改定すべき問題を感じなかったというところでしょう。実際、戦後政治のなかで、行政協定や地位協定の前文の中身やその解釈が、日米間で議論になるようなことはありませんでした。

ただ、こうやって両者を並べてみると、地位協定の前文はそっけないのに、行政協定のほうは両国の「義務」や「きずな」をやけに強調していることが目に付きます。これは、行政協定締結時の日本では、実際には「(アメリカの)義務」や「きずな」が軽視されていたので、言葉で飾ることでごまかしたことのあらわれだと言っても言い過ぎにはならないでしょう。

日本は一九五二年に独立し、主権国家として安保条約を結んだはずなのに、その条約ではアメリカが日本を防衛する「義務」は明確にされませんでした。行政協定が合意された時点にお

いては、駐留する米軍が犯罪を犯した場合、その裁判はすべてアメリカが行い、どんな種類のものであっても日本側は関与できないという規定が残されており、「きずな」どころではありませんでした（裁判権条項は地位協定を待たずに改定されることになりますが、その事情は後述）。それでも米軍の駐留を日本国民に納得させるためには、屈辱的な実態を空疎な言葉で覆い隠すしかなかったというのが、一九六〇年までの日本だったということです。

ただ、行政協定の前文の規定そのものが、日本国民に厄災をもたらしたわけではありません。また、地位協定の前文が簡素なものとなったのは、もしかしたら言葉で飾る必要のないほど中身に変化があったからかもしれません。そこで早速、具体的な条項の話に入っていきましょう。

禍根を残した「軍属」の曖昧さ

地位協定

この協定において、

(a)「合衆国軍隊の構成員」とは、日本国の領域にある間におけるアメリカ合衆国の陸軍、海軍又は空軍に属する人員で現に服役中のものをいう。

(b)「軍属」とは、合衆国の国籍を有する文民で日本国にある合衆国軍隊に雇用され、これに勤務し、又はこれに随伴するもの(通常日本国に居住する者及び第十四条1に掲げる者を除く。)をいう。この協定のみの適用上、合衆国及び日本国の二重国籍者で合衆国が日本国に入れたものは、合衆国国民とみなす。

(c)「家族」とは、次のものをいう。

行政協定

この協定において、

(a)「合衆国軍隊の構成員」とは、日本国の領域にある間におけるアメリカ合衆国の陸軍、海軍又は空軍に属する人員で現に服役中のものをいう。

(b)「軍属」とは、合衆国の国籍を有する文民で日本国にある合衆国軍隊に雇用され、これに勤務し、又はこれに随伴するもの(通常日本国に在留する者及び第十四条1に掲げる者を除く。)をいう。この協定のみの適用上、合衆国及び日本国の二重国籍者で合衆国が日本国に入れたものは、合衆国国民とみなす。

(c)「家族」とは、次のものをいう。

（1）配偶者及び二十一才未満の子

（2）父、母及び二十一才以上の子で、その生計費の半額以上を合衆国軍隊の構成員又は軍属に依存するもの

（1）配偶者及び二十一才未満の子

（2）父母及び二十一才以上の子で、その生計費の半額以上を合衆国軍隊の構成員又は軍属に依存するもの

〈行政協定改訂問題点〉

1、構成員は、「条約に基き配備された米軍に属する人員で服役中のもので、公務に関連して日本国にあるもの」と定義する。

2、軍属の定義は、「軍隊に随伴し且つ雇用されているもの」とする。

3、公式議事録の「高級熟練技術者」を軍属より除外する。

第一条は地位協定の対象となる人の定義をした条項です。地位協定というのは、一言で言えば、日本の法令上は想定されない特権を与え、義務を免除するものですから、対象を厳密に定義しておかないと、特権・免除が無制限に広がることになりかねません。そこで軍人、軍属、家族の定義を明確にするのです。

●「公務」へのこだわりは果たせたか

地位協定と行政協定を読み比べてみれば、内容は何も変わっていないことが分かります。協定の対象となる軍人（協定の用語では「合衆国軍隊の構成員」）は、「日本国の領域にある」アメリカの軍人で、現役の人（協定の用語では「服役中のもの」）だというのは常識的なことですから、協定を改定したからといって定義に違いが出てくることは考えられないということでしょう。

しかし一方で、日本政府が交渉にあたって取りまとめ、アメリカ側に渡した「行政協定改訂問題点」が、それらとは異なる定義を与えようとしていたことに注目してほしいと思います。「軍隊構成員」（軍人）については、地位協定にも行政協定にもない独自の用語は、「条約に基き配備された」米軍に属する人であって、「公務に関連して日本国にあるもの」というものです。

「行政協定改訂問題点」は、具体的な改定項目を列挙するだけであり、これをアメリカ側に求めた意図までは書かれていません。ですから推測するしかないのですが、地位協定で特権・免除が与えられる対象に関して、「（安保）条約に基き配備された」軍人に限りたいというのは正当なことです。

旧安保条約は日本に駐留することを「(アメリカの)権利」(第一条)と明記していました。何といっても権利ですから、日本側が侵すようなことはできず、例えば軍隊の出動などに際して意見を言えるような関係にはありませんでした。一方、一九六〇年の新安保条約は、「日本国の安全に寄与し、並びに極東における国際の平和及び安全の維持に寄与するため、アメリカ合衆国は、その陸軍、空軍及び海軍が日本国において施設及び区域を使用することを許される」(第六条、傍点は引用者)と述べています。アメリカの日本防衛義務が明確になった上に、基地使用を日本側が許すという構造になったのです。さらに日本側は、安保改定交渉の過程で、米軍が極東に出動する場合、日本側と事前に協議することを求めていました。ですから、「行政協定改訂問題点」において、「(安保)条約に基き配備された」軍人に限って特権・免除を与えるとしたのは、条約の規定通り日本防衛の義務を果たし、極東で作戦する米軍は地位協定の対象とするが、条約を無視して行動するような軍隊はそうではないと言いたかったのではないでしょうか。ここには、条約にもとづく軍事作戦に従事する米軍には主権を放棄してでも広範な特権を与えるが、そうでない場合は主権を確保したいという日本政府の意図が垣間見《かいまみ》えます。

これから見ていけば分かりますが、「行政協定改訂問題点」を貫く思想のようなものです。「公務に関連して日本国にあるもの」という規定を挿入したかったのも、公務外すなわち軍の任務遂行過程でないとき（休暇をとっているなどの場合）の軍人の犯罪が目に余っていた当時の現実と無縁ではないでしょう。遊んでいて日本人を傷つけているのに、なぜ特権・免除を与えるのだという、日本国民の批判があったのです。

日本政府の要望は、地位協定第一条には盛り込まれませんでした。しかし、いま指摘したことが実質的に問題になるのは、裁判権その他具体的な条項のところなので、日本政府の意図が達成されたかどうかは、それを論じる際に明らかにすることにします。

●世界に例のない軍属の定義が生みだしたもの

もう一つ、論じておきたいことがあります。「軍属」の定義です。

二〇一六年、沖縄のうるま市で、アメリカの軍属が日本人女性を殺害する事件がありました。その際、大きな問題となったのは、その軍属が米軍に雇用されていたのでなく、民間の請負業者（インターネット関連会社）の社員だったことでした。そんな人間にまで地位協定で特権を与えていることが問題になったのです。

軍属とは何でしょうか。一九五一年に締結されたNATO軍地位協定（NATO諸国全体に共通する協定で、それとは別に各国ごとに補足する別の協定がつくられる）は、第一条で軍属を次のように定義しています。

「軍属」とは、締約国の軍隊に随伴する文民であり、締約国の軍隊に雇用され、無国籍の者ではなく、北大西洋条約締約国でない国の国民ではなく、かつ軍隊が置かれる国に通常居住する者でない者をいう。（沖縄県訳）

要するに、軍隊に「雇用」され、軍隊に「随伴」して移動する文民だということです。「軍隊が置かれる国に通常居住する者でない者」というのは、例えば米軍がドイツに配備されていたとして、そのドイツに「居住する者でない者」ということです。ところが、うるま市の事件の加害者は、米軍に雇用されているわけではなく、まさに日本に「居住する者」であり、部隊がどこかに異動したからといって、それに「随伴」していくような人でもありませんでした。

なぜそんなことになったのか。そこに、日米地位協定の独自の規定とその独自の解釈がありました。日米地位協定では、軍属の定義は、「合衆国の国籍を有する文民で日本国にある合衆国軍隊に雇用され、これに勤務し、又はこれに随伴するもの」（傍点は引用者）とされています。加害者は、確かにアメリカの国籍を有していましたし、文民でもありました。しかし、定義のそれに続く部分を普通に読めば、米軍に雇用されていなかったのですから、軍属の資格はないはずでした。けれども、「雇用」「勤務」「随伴」の三つの条件は、すべてではなく一つでも満たしていればいいとアメリカ側が解釈し、「勤務」していることを理由に軍属の資格を与えられていたということです。

これは、本来はあり得ない解釈です。地位協定問題に詳しいジャーナリストの布施祐仁《ふせゆうじん》氏によれば、行政協定の締結交渉の過程で、アメリカ側は民間の請負業者も軍属に含めようとしましたが、日本側がそれを拒否し、結局は日本側の要求を認めるかたちで、現在の文面ができたからです。

アメリカ側は請負業者の従業員も軍属に含めるよう求めたが、日本側は「請負業者は日本社会で不人気者である」「請負業者を軍属とすることは、労働組合の反対なども予想され同意できない」として、NATO地位協定と同じように米軍に雇用された者のみを軍属とするよう要求した。交渉の結果、当初のアメリカ側協定案の軍属の定義に明記されていた「合衆国軍隊の請負業者に雇用され、又はこれと契約関係にある者」というセンテンスは削除され、新たに「特殊契約者」という条項（十四条）を設けて、与える特権を軍人や軍属と区別して課税免除などに限定し、日本の国内法適用も明記した。

（「imidas」二〇一八年四月二七日）

ところが、この約束にもかかわらず、アメリカは請負業者までも「軍属」として扱っていました。行政協定の「勤務」規定を悪用したのです。一九五九年、日本政府が「行政協定改訂問題点」で、「軍属の定義は、『軍隊に随伴し且つ雇用されているもの』」として「勤務」を外し、NATOと同じにしようとしたのは、この経緯からすると当然でした。しかし、交渉の結果、軍属の定義をまったく変えることができなかったことが、今回の事件の背景に存在するということです。

●軍属の犯罪をどちらが裁くかでアメリカは揺れ動いた

NATO軍地位協定が定義するように、あるいは日本政府がかつて求めたように、軍属をあくまで軍に雇用され、軍に随伴するものに限ることは、裁判権ともからむ重要問題です。そのような軍属は、民間人であっても軍人と同様に軍に雇用され、軍の指揮命令で動くので、公務中に事件、事故を起こした場合、軍法会議（あるいは軍事法廷・軍事裁判所）にかけることができるからです。日本側に第一次裁判権はありません。

日米地位協定第十七条1項は、「合衆国の軍当局は、合衆国の軍法に服するすべての者に対し、合衆国の法令により与えられたすべての刑事及び懲戒の裁判権を日本国において行使する権利を有する」としています。そして、「合衆国の軍法に服するすべての者」の範囲は一九五三年の日米合同委員会合意（「刑事裁判管轄権に関する合意事項」）において、「合衆国統一軍法第二条及び第三条に掲げるすべての者」と規定しています。その統一軍法では、陸海空の軍人、召集を受けた者、士官候補生、一定の予備役軍人、そして軍属があげられています。

この考え方からすれば、軍属とは、軍法会議に服する者でなければなりません。ところが、うるま市の事件の加害者のような種類の人は、民間会社に雇用され、その会社の指揮命令を受けているわけですから、たとえ犯罪が公務中のものであっても、軍法会議にかけるわけにはいきません。もしアメリカ側が第一次裁判権を行使するとしたら、軍法会議ではなく、米本土にある普通裁判所が管轄することになったでしょう。とはいえ、米本土で裁判をすることになっても、日本から証人を呼んで尋問する手続きなどが面倒で、実際に裁判をするのは困難だったと思われます。

このような現実があることはアメリカ側も認識しており、一九六〇年、アメリカの最高裁判所は、軍属の犯罪は平時においては軍法会議にはかけず、軍隊を受け入れた国で裁判すべきだという判決を下しました。日本でもそれ以降（地位協定が六〇年に締結されてすぐということ）、在日米軍は軍属の事件に対して「公務中」の証明書を出さなくなりました。「公務外」に事件、事故を起こした場合、地位協定では裁判権は日本にあることになっています。

ところが、二一世紀に入るころ、アメリカの戦争の仕方に変化が生まれたことが、問題をややこしくします。民間軍事会社が戦闘現場での主役に躍り出てきたことです。それらのアメリカの民間人が、派遣された国々で民間人を殺害して問題になるのですが、アメリカが当初それらの国と結んだ地位協定では、どんな犯罪もアメリカ側が裁判することが決められていました。従って、米兵が犯罪を犯せば軍法会議にかけられるのですが、軍法会議に服さない民間軍事会社の社員はその対象となりません。海外の戦争現場で起こることですから、米本土の普通裁判所には裁く能力もない。こうして民間人殺害などの重大犯罪を犯しても裁かれないという「法の空白」が生じたのです。事件が発生したアフガニスタンでは大問題となり、結局アメリカは、アフガニスタン側が裁判権を行使できるように地位協定を改定しました。

一方で、アメリカ議会は「軍事域外管轄法」を二〇〇〇年に制定し、民間人のこうした犯罪をアメリカの裁判所で裁くことを決めます。それを受けて、日本でも二〇〇六年以降、在日米軍は再び軍属の犯罪に対して「公務中」の証明書を出すことになったのです。

●軍属の定義に関する日米新合意の問題点

しかし、先ほど述べたように、軍属が海外で犯罪を犯したとしても、米本土で裁くのは実務上困難なのです。そこで、在日米軍が公務中の証明書を出してアメリカが裁判権を行使することにするけれど、実際には裁判はしないという事態が生まれていました。

それでは被害者と遺族は納得できません。二〇一一年一月、沖縄市で米軍属が男性を交通事故死させた事件が発生したのですが、アメリカが公務中と判断したため、那覇地検は不起訴という判断をしました。それを不服とした家族が那覇検察審査会に訴え、審査会は五月、米軍が「公務中」と言いながらそれを証明するシフト表の提出をしていないことなどを理由に、「起訴相当」を議決。日米両国政府は対応を迫られます。

対応期限間近の一一月末、日米合同委員会が開かれ、合意が生まれます。その基本は、米軍が公務中の犯罪とみなすが起訴しない場合、日本政府は日本側が裁判権を行使することをアメリカ側に要請し、アメリカ側は、その犯罪が「死亡、生命を脅かす傷害又は永続的な障害を引き起こした場合」は、日本側の要請に「好意的考慮」を払うというものでした。その合意を受け、この事件は日本側が裁判することになったのです。

軍属の犯罪を誰がどう裁くかをめぐっては、そもそも民間軍事会社が主役として登場するという新たな事態をふまえ、日米地位協定との関係を明確にしておくべきでした。その上、いま述べてきたような複雑な問題があるだけに、うるま市の事件が発生した際、真剣に検討すべきでした。

二〇一七年一月、日米両国は軍属の定義に関する補足協定で合意することになります。日米合同委員会の合意もつくられました（タイトルは「合衆国軍隊の軍属に係る扱いについての協力」）。しかし、この協定は、定義の曖昧な「軍属」の犯罪を裁けるのかという懸念を解消するものとはなっていません。

その定義を見ると、軍属は八つの種類に分類されています。「合衆国政府の正式な招請により、また、合衆国軍隊に関連する公の目的のためにのみ日本に滞在しているコントラクターの被用者」などです。今回の事件の加害者のように、民間請負業者に雇われてはいるが、雇用が終了しても日本に滞在するような人物は、新しい定義では軍属にはなれないように見えます。

けれども、問題はそんなところには存在しません。「コントラクターの被用者」は民間軍事会社を連想させます。外務省の説明によっても、アメリカが民間軍事会社の社員を軍属として扱うなら、新しい定義に含まれるとのことです。そしてそれらの人々はアメリカ側に裁判権があるが、事件・事故を起こした場合、先の「軍事域外管轄法」にもとづき、アメリカの普通裁判所が裁くということです。アメリカ側が起訴しない場合、これも先の二〇一一年末の日米合同委員会の合意をふまえ、日本側が裁判することを要請し、アメリカ側が「好意的考慮」を払うかどうかという問題になるのでしょう。しかしこれは、民間軍事会社に雇われた者が殺人やレイプを犯したとしても、アメリカの「好意」がなければ日本では裁かれないし、アメリカの普通裁判所は「遠くで起きた事件だから」として、両国ともに裁判しない可能性が生まれることを意味します。軍人と変わらない殺傷能力を持つ人を、高度な特権を持つ軍属として扱うことを可能にしておきながら、事件・事故を起こした場合の対応は従来と同じなのです。果たしてこれでいいのでしょうか。

「たかが定義」ではないのです。定義次第で日本国民の人権と暮らしに重大な影響があることを理解してもらえるでしょうか。

既得権益を確保したアメリカ

地位協定

1（a）合衆国は、相互協力及び安全保障条約第六条の規定に基づき、日本国内の施設及び区域の使用を許される。個個の施設及び区域に関する協定は、第二十五条に定める合同委員会を通じて両政府が締結しなければならない。「施設及び区域」には、当該施設及び区域の運営に必要な現存の設備、備品及び定着物を含む。

（b）合衆国が日本国とアメリカ合衆国との間の安全保障条約第三条に基く行政協定の終了の時に使用している施設及び区域は、両政府が（a）の規定に従つて合意した施設及び区域とみなす。

2 日本国政府及び合衆国政府は、いずれか一方

行政協定

1 日本国は、合衆国に対し、安全保障条約第一条に掲げる目的の遂行に必要な施設及び区域の使用を許すことに同意する。個個の施設及び区域に関する協定は、この協定の効力発生の日までになお両政府が合意に達していないときは、この協定の第二十六条に定める合同委員会を通じて両政府が締結しなければならない。「施設及び区域」には、当該施設及び区域の運営に必要な現存の設備、備品及び定着物を含む。

2 日本国及び合衆国は、いずれか一方の当事者

の要請があるときは、前記の取極を再検討しなければならず、また、前記の施設及び区域を日本国に返還すべきこと又は新たに施設及び区域を提供することを合意することができる。

3　合衆国軍隊が使用する施設及び区域は、この協定の目的のため必要でなくなつたときは、いつでも、日本国に返還しなければならない。合衆国は、施設及び区域の必要性を前記の返還を目的としてたえず検討することに同意する。

4（a）合衆国軍隊が施設及び区域を一時的に使用していないときは、日本国政府は、臨時にそのような施設及び区域をみずから使用し、又は日本国民に使用させることができる。ただし、この使用が、合衆国軍隊による当該施設及び区域の正規の使用の目的にとつて有害でないことが合同委員会を通じて両政府間に合意された場合に限る。

（b）合衆国軍隊が一定の期間を限つて使用すべき施設及び区域に関しては、合同委員会は、当該

の要請があるときは、前記の取極を再検討しなければならず、また、前記の施設及び区域を日本国に返還すべきこと又は新たに施設及び区域を提供することを合意することができる。

3　合衆国軍隊が使用する施設及び区域は、この協定の目的のため必要でなくなつたときは、いつでも、日本国に返還しなければならない。合衆国は、施設及び区域の必要性を前記の返還を目的としてたえず検討することに同意する。

4（a）合衆国軍隊が射撃場及び演習場のような施設及び区域を一時的に使用していないときは、日本国の当局及び国民は、それを臨時に使用することができる。但し、この使用が、合衆国軍隊による当該施設及び区域の正規の使用の目的にとつて有害でないことが合意された場合に限る。

（b）合衆国軍隊が一定の期間を限つて使用すべき射撃場及び演習場のような施設及び区域に関しては、合同委員会は、当該施設及び区域に関する

施設及び区域に関する協定中に、適用があるこの協定の規定の範囲を明記しなければならない。

協定中に、適用があるこの協定の規定の範囲を明記しなければならない。

〈行政協定改訂問題点〉

4、「設備、備品、定着物」を「施設・区域」内に現存するものと定義する（1項）。

5、日本政府の同意なくして「設備、備品、定着物」の他の「施設・区域」への移転を禁ずる（1項）。

6、「施設・区域」外にある電気通信設備は「設備、備品、定着物」と見做《みな》さず（1項）。

7、「施設・区域」及び自衛隊施設を米軍と自衛隊とが共同使用しうる様原則的規定を設ける（4項）。

8、「射撃場、演習場」の例示を削除する（4項）。

9、「日本当局及び国民が使用する」は「日本国は自ら使用し又は国民に使用させる」と改める（4項）。

地位協定第二条は、基地（協定の用語では「施設及び区域」）の提供に関する取り決めです。基地提供の手続き（1項）、新たに提供したり返還したりする際の手続き（2、3項）、日米が共同して使用する際の手続き（4項）が決められています。

まず、「行政協定改訂問題点」をご覧ください。行政協定を地位協定に改定するにあたって、日本政府の側が求めたのは、基地提供の手続きを変えることではありませんでした。それぞれの基地にある「設備、備品、定着物」（定着物とは建物や樹木のことを指す）を外に持ち出してはならないことなど、非常に細かい付属的なことだけでした。日本側には基地提供と返還のあり方の基本を少しであっても変える意思はなかったということです。第一条で軍属の定義を大幅に変えようとしたのとは異なる対応でした。

その結果、地位協定は行政協定とほとんど同じ文面です。わずかに、行政協定では基地の提供を「日本国は……同意する」となっているのが、地位協定になると「合衆国は……許される」とされた程度です。「許される」という言葉は、提供の主体は日本側であるというニュアンスになりますから、少しは日本の主体性が強調されたと見ることも可能でしょう。

●対等に見えても「全土基地方式」となった構造

地位協定による基地提供の手続きの基本は、日本とアメリカが合意すれば提供が可能になるというものです（行政協定も同じでした）。返還の場合も、両国の合意で決めるというものです。

基地の提供も返還も、両国が合意すれば実現できるというなら、どちらかが拒否すればできないということであり、ここだけを取り上げると、主権国家同士の取り決めとして当然のことを定めているだけのように見えます。

普通の国同士の場合なら、実際にそうなのです。アメリカがA国と軍事同盟を結んで特定の場所に基地を置きたいと要望したとして、例えばA国がそれに同意するなら実際に基地が置かれることになり、同意しないなら置けないことになる。これは対等な関係だと言うことができます。

しかし、日本とアメリカの関係は、そういう形式的な思考を許さない非常に特殊な関係です。一九四五年に日本は第二次大戦で敗北し、日本を占領したアメリカは広大な軍事基地を設置しました。その基地は、朝鮮戦争や中国での共産党政権樹立にともなって、アメリカのアジア戦略にとって不可欠のものとなります。一九五二年に日本が独立するに際して、アメリカはアジア戦略に必要な基地はすべて確保しておきたかった。

それでどうしたかというと、行政協定に付随した「岡崎・ラスク交換公文」がつくられます。これは、行政協定発効後九〇日以内に日米協議が整わない場合には、日本側が合意しない基地も含めてアメリカは継続使用できると規定するものでした。日本が反対する場合も、アメリカは基地を使用できたのです。いったんそういう体制ができれば、あとになって（例えば日米安保に懐疑的な政権ができたとして）日本が「この基地を返せ」といくら言っても、両国が合意しない限りは返ってこないと協定で決めているのですから、対等なように見えてもアメリカにとって必要な基地はいつまでも確保できる仕組みなのです。

行政協定が地位協定に変わる際も同じでした。「行政協定の終了の時に使用している施設及び区域は、両政府が……合意した施設及び区域とみなす」（1項b）とされました。こうやって、協定の文面上は対等に見えても、実際はアメリカが必要な場所に必要なだけ基地を置けるという、いわば「全土基地方式」のような実態が存続してきたというわけです。在日米軍基地には「占領の継続」という性格が色濃く残っているということです。

日本では、米軍基地のある自治体が、自治体の要請があれば基地の返還が協議される仕組みを導入できるよう、地位協定の改定を求めています。日米関係の実態と歴史的経過からすれば当然のことです。

●基地を提供するための特例法の制定

地位協定で与えられた米軍の特権を保障しようと思えば、国内法の改正が不可欠でした。そのため地位協定の条項ごとにいくつもの特例法がつくられることになります。

第二条関係で有名なのは、いわゆる「地位協定実施に伴う国有財産管理法」です。通常、国有財産（土地も含む）を誰かに供与する場合、国有財産法において有償かつ貸付限度期間を定めるとされていますが、その特例として米軍には無償・無期限で供与するという法律です。

一方、公有地、民有地を米軍に提供するための法律が、「米軍用地特別措置法」です。一般の民公有地を接収する法律として「土地収用法」がありますが、憲法第二十九条で保障された財産権（「財産権は、これを侵してはならない」）があるので、手続きがきわめて厳格です。その特例として、首相（現在は防衛大臣）が必要だと認める場合、国内のいかなる土地であっても収用できる（補償は行う）と定めたのでした。

とはいえ、本土の場合、米軍に提供されたのはほとんどが国有地だったので、大きな問題にはなりませんでした。その矛盾が噴き出したのが沖縄の場合です。沖縄では、国有地、公有地、民有地の割合がそれぞれ約三分の一であり、一九七二年、ようやく本土に復帰したことに喜んだ地主が返還を求めたのに、アメリカは基地の継続を望みます。日本政府は沖縄返還直前の七一年、それまでの米軍基地をまず五年間は暫定的に使用できる法律をつくり、さらに七七年には期限を一〇年間に延長できる法律をつくるなどして対応してきました（国有地ではないのでさすがに無期限の提供はできず使用期限を設定し、それを延長してきた）が、法律上、知事の協力が得られることが不可欠でした。ところが九五年、大田昌秀知事が協力への拒否を表明すると、政府の独断で永久に土地を使用できるように特別措置法を改正、可決したのでした。

このようなやり方によって、日本では、そしてとりわけ沖縄では、膨大な件数と面積の米軍基地が維持されてきました（表1）。米軍に対して訓練のための空域、海域も提供されてきました（図1、2）。

なお、この第二条では、「個個の施設及び区域に関する協定は、第二十五条に定める合同委員会を通じて両政府が締結しなければならない」（1項a）との規定もあります。一つひとつの基地ごとに、それをどのように使うかを取り決めるということです。例えば、沖縄が返還された日（七二年五月一五日）に日米合同委員会が開かれ、個々の在沖米軍基地の使い方について取り決めがされており（「五・一五メモ」、「ごいちごめも」と読む）、外務省のウェブサイトでも見ることができます。

●日本もまた米軍基地を不可欠と考えたから

以上、米軍の特権を語ってきましたが、形式的なものとは言っても、地位協定は主権国家同

表1　在日米軍基地(専用)の件数と面積の推移

年月日	件数	土地面積(千㎡)
1952年	2,824	1,352,636
1953年	1,282	1,341,301
1954年	728	1,299,927
1955年	658	1,296,364
1956年	565	1,121,225
1957年	457	1,005,390
1958年	368	660,528
1959年	272	494,693
1960年	241	335,204
1961年	187	311,751
1962年	164	306,152
1963年	163	307,898
1964年	159	305,864
1965年	148	306,824
1966年	142	304,632
1967年	140	305,443
1968年	139	303,006
1969年	141	218,373
1970年	124	214,098
1971年	115	214,307
1972年	103	196,991
1973年	165	446,411
1974年	151	372,037
1975年	136	362,235
1976年	130	354,875
1977年	125	349,276
1978年	119	339,935
1979年	117	339,086
1980年	113	335,365
1981年	110	333,477
1982年	107	329,558
1983年	107	331,327
1984年	105	331,157
1985年	105	331,285
1986年	107	330,874
1987年	106	330,302
1988年	105	324,763
1989年	105	324,753
1990年	105	324,699
1991年	105	324,593
1992年	104	324,520
1993年	101	319,720
1994年	97	317,987
1995年	94	315,583
1996年	91	314,201
1997年	90	313,999
1998年	90	314,002
1999年	90	313,590
2000年	89	313,524
2001年	89	313,492
2002年	89	312,636
2003年	88	312,253
2004年	88	312,193
2005年	88	312,067
2006年	87	312,201
2007年	85	308,809
2008年	85	308,825
2009年	85	310,055
2010年	84	310,053
2011年	84	309,641
2012年	83	308,938
2013年	83	308,991
2014年	84	308,237
2015年	82	306,226
2016年	79	303,690
2017年	78	264,343
2018年	78	263,192
2019年	78	263,176
2020年	78	263,067

注1：各年における数値は、3月31日時点のものである。
注2：1952年については、4月28日時点の数値である。
注3：面積の計数は、四捨五入によっているので符合しない場合がある。　提供/防衛省

図1　地位協定等により米軍が使用している空域（本土周辺）

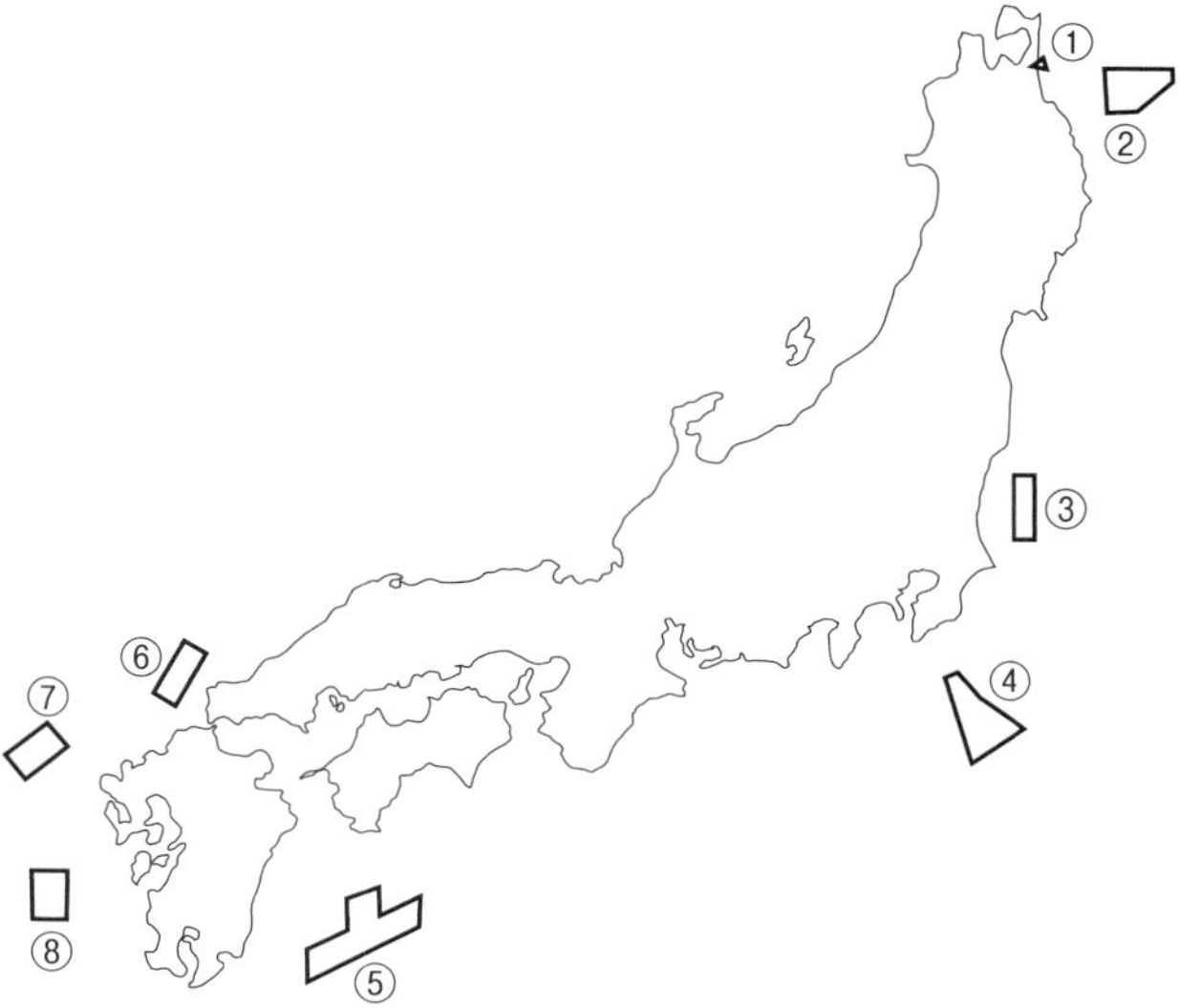

番号	名称
①	三沢対地訓練区域
②	北部本州空戦訓練区域
③	中部本州空戦訓練区域
④	チャーリー区域
⑤	リマ区域
⑥	九州空戦訓練区域
⑦	ゴルフ区域
⑧	フォックストロット区域

2020年3月31日現在　　提供/防衛省

図2　地位協定等により米軍が使用している空域（沖縄周辺）

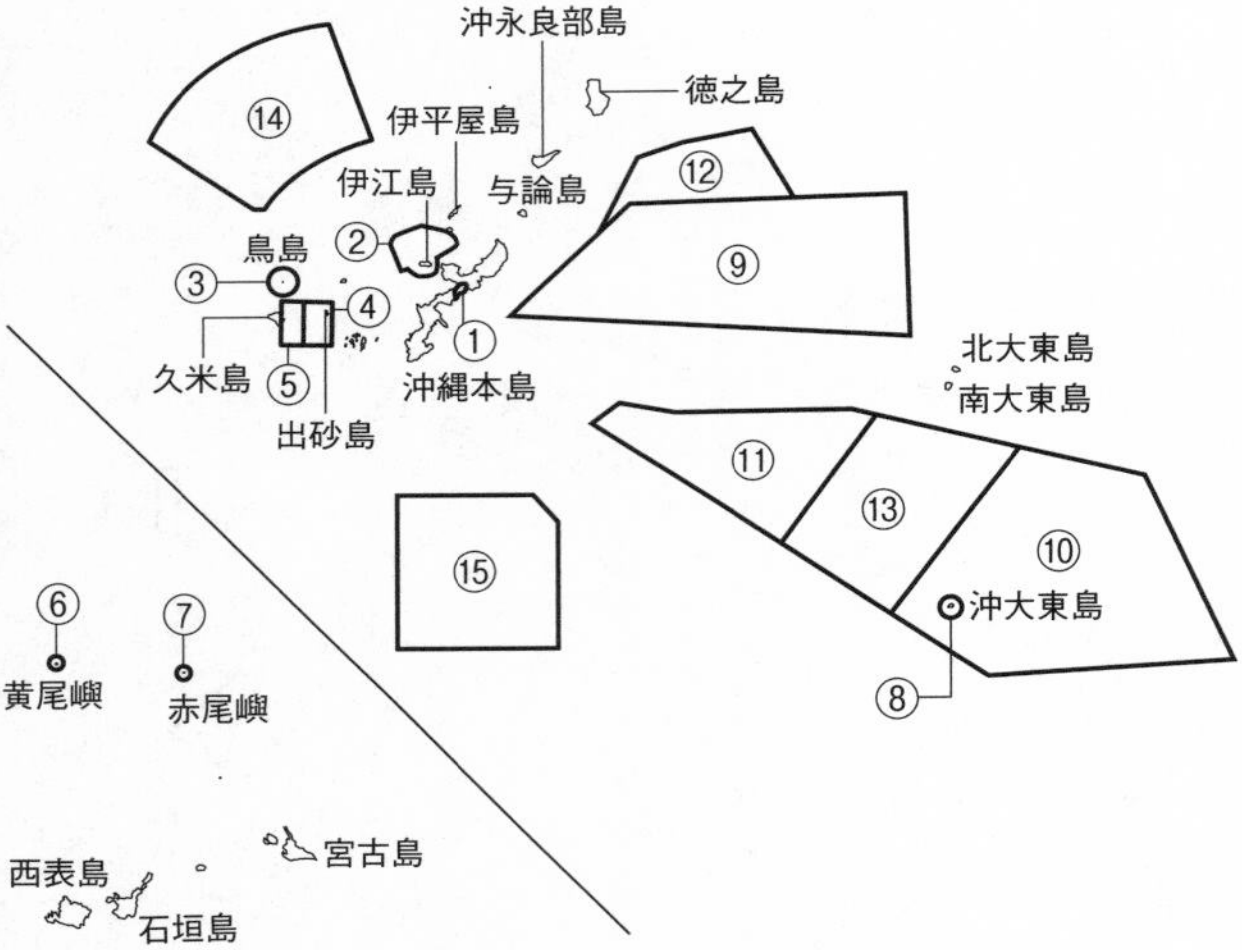

注：上記空域は官報で告示されているものを示したもの。

番号	名称
①	キャンプ・ハンセン
②	伊江島補助飛行場
③	鳥島射爆撃場
④	出砂島射爆撃場
⑤	久米島射爆撃場
⑥	黄尾嶼射爆撃場
⑦	赤尾嶼射爆撃場
⑧	沖大東島射爆撃場

番号	名称
⑨	ホテル・ホテル訓練区域
⑩	インディア・インディア訓練区域
⑪	マイク・マイク訓練区域
⑫	アルファ区域
⑬	ゴルフ・ゴルフ訓練区域
⑭	沖縄北部訓練区域
⑮	沖縄南部訓練区域

2020年3月31日現在

提供/防衛省

士の取り決めという外皮をまとっています。「いずれか一方の要請があるときは、……前記の施設及び区域を日本国に返還すべきこと……を合意することができる」（2項）し、アメリカ側も「この協定の目的のため必要でなくなつたときは、いつでも、日本国に返還しなければならない」（3項）のです。

問題なのは、こうした条項があるにもかかわらず、そして沖縄をはじめ基地返還を望む自治体が多くあったのに、日本政府が基地の返還をアメリカに求めることがあまりにも少なかったことです。その理由は、アメリカだけでなく日本政府もまた、個々の在日米軍基地が「必要でなくなった」とみなさないことにありました。アメリカが在日米軍基地を必要としたのは、当初はソ連との世界規模での冷戦に勝ち抜くためであり、中国や北朝鮮の脅威を強調することでアジアに覇権を及ぼすことでもありましたが、ソ連や中国、北朝鮮に軍事的に対抗する決意の強さという点で、日本はアメリカと一体化していたということです。「行政協定改訂問題点」で第二条を変える意思が見られなかったのも、おそらくそのためでしょう。

ただ、中国や北朝鮮に対抗するのに日米安保条約と米軍基地が不可欠だという見地に立っていたとしても、現存する個々の米軍基地すべてが必要だということではありません。例えば海兵隊は現在、中国のミサイル能力が格段に強化され、沖縄の基地が脆弱《ぜいじゃく》になっているという現実をふまえ、固定化した強大な基地に頼るのではなく、基地や訓練を分散させる新たな戦略づくりを志向しています。沖縄県が設置した「米軍基地問題に関する万国津梁《しんりよう》会議」は、二〇二〇年三月、そのような米戦略の変化を前提として、辺野古《へのこ》への基地移転を中止する代わりに、分散型の基地と訓練のあり方を提言しています。日米安保を絶対化する思考が、個々の基地をすべて絶対化するということにならないよう、日本政府には真剣な検討が求められるでしょう。なお、基地の返還問題は、このあと第四条を扱う箇所で詳しく論じます。

●自衛隊基地を米軍が使うケースの増大

最後に、いわゆる「二4b」(「によんびー」と読む)について簡単にふれておきます。4項の(b)では、基地としてアメリカに提供したものではなくても、期間を限ってアメリカが使用できる施設があることを規定しています。自衛隊基地をアメリカが使用するのはこれが適用されているのです(民間施設が提供される場合もある)。

この共同使用基地は、行政協定にも同様の規定がありましたが、一九六〇年まで実例はありませんでした。しかし、六〇年以降次第に増加し、とりわけ一九八〇年以降は急増していきます。現在、米軍専用基地面積は、五二年の独立時点からすると五分の一以下になっていますが、

図3　在日米軍基地（専用と共用）**の面積の推移**

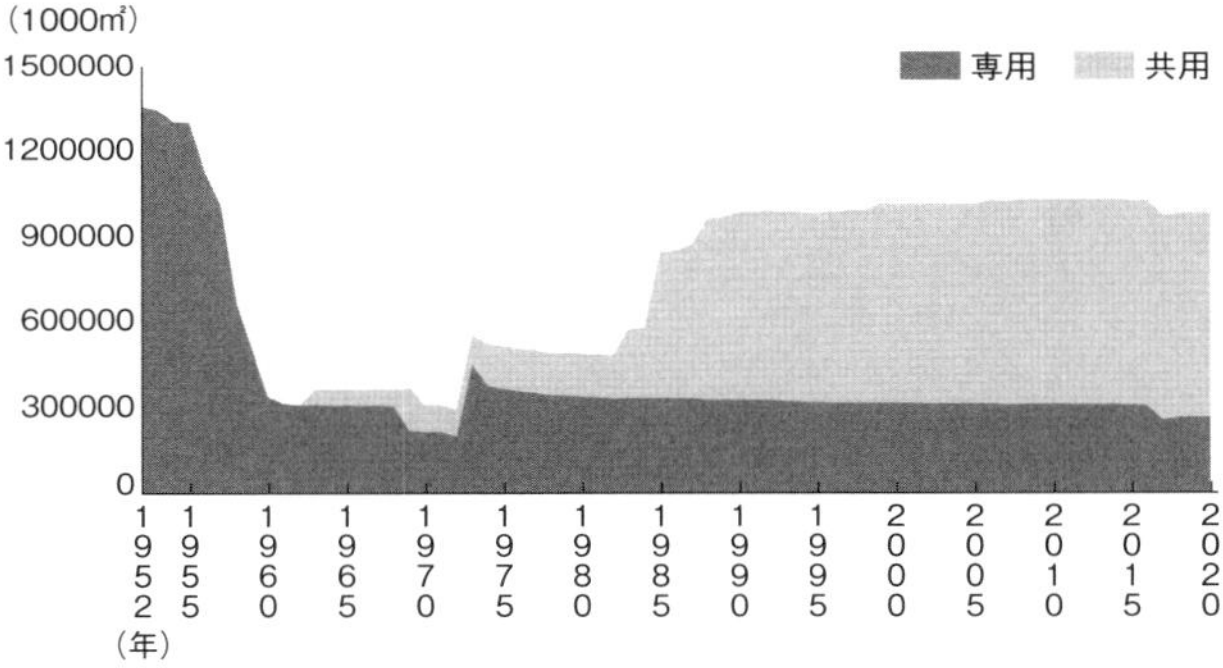

防衛省提供資料より作成

共同使用基地を含めると一時期は半分以下にまで減ったにもかかわらず、現在では四分の三程度にまでなっているのです（図3）。

この背景にあるのは、沖縄における米軍の実弾演習が本土に移転されたり、あるいは自衛隊と米軍の共同演習が増えたりしていることです。それをどう見るかは大事な問題ですが、地位協定論の範囲を超えるので、本書では言及しません。

なお、先ほど引用した1項に、「第二十五条に定める合同委員会を通じて」とあり、ここではじめて条文に「合同委員会」が登場します。日米合同委員会は、「協定の実施に関して相互間の協議を必要とするすべての事項に関する日本国政府と合衆国政府との間の協議機関」（第二十五条）として、これまで地位協定にかかわるさまざまな合意をつくっており、国民に多大な影響を及ぼしていますが、合意内容はそれぞれの条項で紹介し、その全貌と本質は第二十五条で論じることとします。

排他的権利は温存された

地位協定

1　合衆国は、施設及び区域内において、それらの設定、運営、警護及び管理のため必要なすべての措置を執ることができる。日本国政府は、施設及び区域の支持、警護及び管理のための合衆国軍隊の施設及び区域への出入の便を図るため、合衆国軍隊の要請があつたときは、合同委員会を通ずる両政府間の協議の上で、それらの施設及び区域に隣接し又はそれらの近傍の土地、領水及び空間において、関係法令の範囲内で必要な措置を執るものとする。合衆国も、また、合同委員会を通ずる両政府間の協議の上で前記の目的のため必要な措置を執ることができる。

行政協定

1　合衆国は、施設及び区域内において、それらの設定、使用、運営、防衛又は管理のため必要な又は適当な権利、権力及び権能を有する。合衆国は、また、前記の施設及び区域に隣接する土地、領水及び空間又は前記の施設及び区域の近傍において、それらの支持、防衛及び管理のため前記の施設及び区域への出入の便を図るのに必要な権利、権力及び権能を有する。本条で許与される権利、権力及び機能を施設及び区域外で行使するに当つては、必要に応じ、合同委員会を通じて両政府間で協議しなければならない。

2　合衆国は、1に定める措置を、日本国の領域への、領域からの又は領域内の航海、航空、通信又は陸上交通を不必要に妨げるような方法によつては執らないことに同意する。合衆国が使用する電波放射の装置が用いる周波数、電力及びこれらに類する事項に関するすべての問題は、両政府の当局間の取極により解決しなければならない。日本国政府は、合衆国軍隊が必要とする電気通信用電子装置に対する妨害を防止し又は除去するためのすべての合理的な措置を関係法令の範囲内で執るものとする。

3　合衆国軍隊が使用している施設及び区域における作業は、公共の安全に妥当な考慮を払つて行なわなければならない。

2　合衆国は、前記の権利、権力及び権能を、日本国の領域への、領域からの又は領域内の航海、航空、通信又は陸上交通を不必要に妨げるような方法によつては行使しないことに同意する。合衆国が使用する電波放射の装置が用いる周波数、電力及びこれらに類する事項に関するすべての問題は、相互の取極により解決しなければならない。一時的の措置として、合衆国軍隊は、この協定が効力を生ずる時に留保している電力、設計、放射の型式及び周波数の電子装置を日本側からの放射による妨害を受けないで使用する権利を有する。

3　合衆国軍隊が使用する施設及び区域における作業は、公共の安全に妥当な考慮を払つて行わなければならない。

〈行政協定改訂問題点〉

10、「施設・区域」管理権は、「両政府の合意により定める条件で使用する権利」と改める（1

項)。

11、「施設・区域」外における権利は、米側の権利とせず、「日本政府はその権限内で施設区域の運営に必要な措置をとる」と改める(1項)。

12、電波等に関する経過規定を削除する(2項)。

地位協定第三条は、第二条によって提供された基地に関して、アメリカ側がどういう根拠でどのように使えるのかを定めたものです。本来は日本の国土なのに、アメリカ側が治外法権のように使用しているとして、戦後ずっと問題になってきた条項です。地位協定の本質がもっとも顕著にあらわれている条項でもあるので、少し長めの解説になることをお許しください。

●中身をそのままに言葉だけを置き換え

行政協定を見ると、提供した基地のなかでは、米軍は「必要な……権利、権力及び権能を有する」とされています。基地の外すなわち「隣接する土地、領水及び空間又は前記の施設及び区域の近傍」においてさえも、米軍は「必要な権利、権力及び権能を有する」とされていました。日本側の「権利」は書かれていませんし、日本側ができるのは合同委員会で協議することだけとされているので（日本と協議はするが日本の同意までは不要だということです）、まさにアメリカが排他的権利を有する状態でした。「権利」（rights）と「権力」（power）と「権能」（authority）と、どこがどう違うのか知りませんが、三つもそろえば「全能の神」のように見えてきます。

さすがにこれではマズいと思ったのでしょう。政府は「行政協定改訂問題点」において、基地内の権利（いわゆる「管理権」）は、「両政府の合意により定める条件で使用する権利」として、日本側が同意する条件でしかアメリカ側の権利が発生しないように変更しようとしました。基地の近傍における権利については、「米側の権利とせず」として、権利を与えること自体を拒否しようとしました。ではどうなったか。

改定された地位協定を見てください。米軍は、基地内において「必要なすべての措置を執ることができる」とされています。行政協定にあった米軍の「権利」という言葉は使われていません。基地の近傍における「権利」への言及もありません。米軍の権利はなくなったのでしょうか。

権利という言葉に代わるのが、米軍が執る「措置（measures）」です。権利と措置とではかなり印象が違います。実際、この地位協定の国会承認のために開かれた国会で、当時の外務省条約局長は、基地は日本の主権のある地域であり、そこでは日本の法令が適用されるのが原則だと堂々と述べていました。

「施設、区域は、もちろん日本の施政のもとにあるわけでございまして、原則として日本の法令が適用になる、ただ、軍の必要な限り、協定に基づいて個々の法令の適用を除外している」(一九六〇年三月二五日、衆議院日米安全保障条約等特別委員会)

「施設・区域というのは、治外法権的な、日本の領土外的な性質を持っているものではなくて、当然日本の統治権、日本の主権のもとにある地域でございます。従いまして、当然日本の法令が原則として適用になるわけでございまして、これが全然適用にならない、除外された地域ではないということでございます」(一九六〇年五月一一日、衆議院日米安全保障条約等特別委員会)

●アメリカ側の措置に日本は抵抗できない構造

ところが一方で、地位協定の構造をよく見れば、あまり変化がないのではと思えます。「措置」は「権利」と実質的に変わらないのではと感じるのです。

まず、米側の措置を日本側が制限できるような規定はありません。ましてや、日本側の同意がないと米軍が措置を執れないという規定もない。それどころか、日本側ができると規定されているのは、「施設及び区域の支持、警護及び管理のための合衆国軍隊の施設及び区域への出入の便を図るため、合衆国軍隊の要請があったときは、……それらの施設及び区域に隣接し又はそれらの近傍の土地、領水及び空間において、関係法令の範囲内で必要な措置を執る」ことなのです。

要するに、米軍の要請があれば「関係法令の範囲内で必要な措置を執る」ことが日本政府の役割だということです。既存の法令がなければ関係法令をつくれということでしょう。米側が執る「措置」を日本は制限したり拒否したりできるような構造になっていないのです。

そういえば、先ほど紹介した「行政協定改訂問題点」でも分かるように、日本政府は「両政府の合意により定める条件で使用する権利」は認めようとしていたのです。はじめからアメリカの「権利」をなくそうなどとは思っていなかった。なぜ結果として「権利」の用語がなくなったのかは不明ですが、この用語が使われていないので、日本側の主権が存在すると国会で答弁はできたというわけです。

けれども、実態が権利なら、言葉もそれに合わせて変わってくるのが、世の定めというものです。日本政府は現在、当然のこととして「米軍の管理権」という用語を使います。例えば、地位協定の解釈に関する外務省の考え方をまとめた「日米地位協定の考え方・増補版」（一九八三年末作成）という文書があり、琉球《りゅうきゅう》新報社編で書籍として刊行されています（以下「地位協定の考え方」とする。筆者が国会秘書をしていた九〇年代前半、七三年作成の前の版が出回っており、国会質疑で外務省の出方が事前に分かるので重宝していた）。そこでは「これが通常施設・区域に対するいわゆる米側の『管理権』と称されるものであつて、施設・区域について米側が排他的使用権を有していることを意味する」と堂々と述べているのです。

では、「権利」を「措置」に変えたのは、何の意味もなかったというのでしょうか。外務省の現在の解釈は、何も変化はないということです。「地位協定の考え方」では、そのことが次のように書かれています。

（行政協定の）かかる表現は、施設・区域があたかも治外法権的な性格を有しているかの如《ごと》き印象を与え兼ねないので、単に「必要なすべての措置を執ることができる」としたものであるが、「管理権」の実体的内容については新旧協約上差異はない。

政府が地位協定を締結した当時からそう考えていたのか（そうであれば国会での答弁は国会議員と国民を欺くものだったということになります）、当時は日本の主権を貫こうとしたが、その後の米軍とのやりとりのなかで姿勢を後退させたのか、そこには分からない部分もあります。しかし、もともと日本政府が「権利」の用語を残そうとしたこと、協定の文面が米軍の措置に対して日本側が抵抗できない構造になっていることから見れば、前者だと考えるのが自然だと思います。

第二条の基地の提供とか、第三条の基地の管理権とか、米軍がソ連、中国、北朝鮮に対する軍事作戦を遂行する上で必要なことは、日本側も制約を加えたくなかった。外務省は、第三条で米軍に排他的管理権を認めた理由について、「右の如き法的地位が与えられない限り米軍の有効な機能の発揮が妨げられる」（「地位協定の考え方」、傍点は引用者）としていますが、そこに本音があらわれています。しかし、主権国家の協定だと見せられるように、言葉だけは飾ったということでしょう。なお、「日米地位協定の考え方・増補版」について政府は、「もととなる文書は存在していたと考えられるが、現在、当該文書を保有しておらず、その理由は不明である」と述べ（二〇〇四年二月一七日、質問主意書への答弁書）、外に出そうとしません。しかし、国会ではこの文書に書いてある通り答弁するのですから、正直に出せばいいのにと思ってしまいます。

●詳細な権利は「合意議事録」で規定

とはいえ、「権利」にせよ「措置」にせよ、地位協定を眺めているだけでは、米軍が何をできるのかは明確ではありません。それを規定したのが、「合意議事録」（「日本国とアメリカ合衆国との間の相互協力及び安全保障条約第六条に基づく施設及び区域並びに日本国における合衆国軍隊の地位に関する協定について合意された議事録」）です。これは日米地位協定とともに一九六〇年一月一九日に合意され、その後六月二三日、官報（外務省告示第五二号）に告示されたものです。合意議事録はいろいろな条項に関して作成されていますが、第三条に関しては以下のようなものです。

第三条1の規定に基づいて合衆国が執ることのできる措置は、この協定の目的を遂行するのに必要な限度において、特に、次のことを含む。

1　施設及び区域を構築（浚渫《しゅんせつ》及び埋立てを含む。）し、運営し、維持し、利用し、占有し、警備し、及び管理すること

2　建物又はその他の工作物を移動し、それらに対し変更を加え、定着物を附加し、又は附加物を建てること及び補助施設とともに附加的な建物又はその他の工作物を構築すること

3　港湾、水路、港門及び投錨地《とうびょうち》を改善し、及び深くすること並びにこれらの施設及び区域に出入するために必要な道路及び橋を構築し、又は維持すること

4　施設及び区域の能率的な運営及び安全のため軍事上必要とされる限度で、その施設及び区域を含む又はその近傍の水上、空間又は地上において船舶及び舟艇、航空機並びにその他の車両の投錨、係留、着陸、離陸及び操作を管理すること（禁止する措置を含む。）

5　合衆国が使用する路線に軍事上の目的で必要とされる有線及び無線の通信施設を構築すること。前記には、海底電線及び地中電線、導管並びに鉄道からの引込線を含む。

6　施設又は区域において、いずれの型態のものであるかを問わず、必要とされる又は適当な地上若しくは地下、空中又は水上若しくは水中の設備、兵器、物資、装置、船舶又は車両を構築し、設備し、維持し、及び使用すること。前記には、気象観測の体系、空中及び水上航行用の燈火、無線電話及び電波探知の装置並びに無線装置を含む。

読んでみて分かるように、要するに、基地のなかはもちろん基地の近傍においても、「協定の目的を遂行するのに必要」と判断したら、米軍は何でもできるということです。基地をつくるのも（埋立てを含む）、運営するのも（演習も含む）、警備するのも、みんなアメリカ側が勝手にできるのです。基地に出入りするための道路を（基地の外に）つくったり、基地周辺で車両や航空機を動かしたり、逆に日本側のそれを禁止することもできるのです。さすがに合意議事録に明記していないことはできないと思いがちですが、合意議事録の冒頭でご丁寧に「特に、次のことを含む」とされているので、1から6まではあくまで例示であって、それに限定されるものではないのです。

●合意議事録に書いていない措置も執れる

基地被害という言葉があります。沖縄をはじめ基地周辺の住民は日夜、基地被害に悩まされています。その被害の大半は、米軍が基地とその周辺を思うがままに使えるようになっていることから生まれるものであり、地位協定第三条こそがその根源と言えるでしょう。

米空軍の嘉手納《かでな》基地では軍用機が日夜離発着し、その騒音が住民を悩ませています。空母機動部隊の基地でもある厚木基地では、空母艦載機の夜間離発着訓練が実施され、反対運動のなかで大半が硫黄島《いおうとう》に移されたとはいえ、騒音被害がなくなることはありません。時としてそれら軍用機が墜落し、児童を含む人々の命を奪ったことも、住民の脳裏に刻みつけられています。

米軍基地から有害物質が流れ出るような被害も頻繁に起きています。沖縄県は、近年、普天間《ふてんま》基地の周辺の河川等から発がん性のある有機フッ素化合物「ＰＦＯＳ」などが検出されているとして、基地への立入調査を求めてきましたが、米側はずっと拒否していました。二〇二〇年の四月にきわめて大量の泡消火剤が基地外に流出し、そのなかに「ＰＦＯＳ」などが含まれていると米軍から連絡があり、翌五月にようやく県の立入調査が認められた次第です。発がん性物質であっても、多少の流出なら米軍は黙っているのが現状です。何といっても管理権は米軍にあるのだからということでしょう。

基地被害を生む根源が地位協定第三条にあり、その改定が急務なことは言うまでもありません。ただし筆者は、協定が変わらない限り基地被害はなくならないとか、基地に対して日本の法令は適用できないという立場はとりません。現実に地位協定から「権利」という言葉はなくなったのであり、政府も国会に対して日本の法令が適用されると明言していたのです。その説明の上に地位協定は国会で承認を得たのですから、説明が違っていたというなら、承認のやり直しが必要になってくる性格の問題です。表面上のものであっても「権利」を削除したという変化を重視し、国会に対する約束を政府に守らせる立場をとるべきでしょう。日米地位協定でも、日本の法令を尊重する米軍の義務が規定されているのですから（第十六条）。

それにしても、なぜ政府がこれほど卑屈な立場をとるのか、その理由は解明しておかねばなりません。その点は、第十六条を解説する際に論じたいと思います。

●戦争勝利に不可欠な「電波」を制約なく使えるように

第三条の２項は、日本に出入りする米軍のために、陸海空路の便宜を日本側が図ることを定めています。その中心は電波に関してのものです。

行政協定の時代は、「一時的」とはいえ、「電力、設計、放射の型式及び周波数の電子装置を日本側からの放射による妨害を受けないで使用する権利を有する」として、電波が妨げられないことが米軍の「権利」とされていました。政府も「行政協定改訂問題点」で、さすがにこの部分の「削除」を求めており、地位協定に変わって「権利」という言葉はなくなりましたが、「合衆国軍隊が必要とする電気通信用電子装置に対する妨害を防止し又は除去するためのすべての合理的な措置を関係法令の範囲内で執る」ことが日本に求められています。

「関係法令の範囲内で執る」というのは、現行法の範囲内で措置することではなく、新しく法律をつくれということです。そこで、電気通信事業法と電波法に関する特別の法律がつくられました。前者では電信・電話料金は事業者の請求にもとづいて支払うのでなく、別の政府間取り決めで定めるとされ、後者では、無線局の設置に関して免許を不要としたり、国の監督義務に服する義務を免除しています。

電波というと、そんなことのためにわざわざ協定の一項を使っている意味が分かりにくいかもしれません。これを、米軍が必要とする情報あるいは諜報《ちょうほう》のための電波を日本側の制約なしに使えるようにするものだと言えば、少しは理解してもらえるでしょうか。

軍隊にとって「電波」を自由に扱えることは不可欠です。米軍の通信施設は、敵国の情報を収集するためいろいろな種類の電波を発していますし、逆に、米軍の電波が敵国に収集されないよう、さまざまな妨害措置も実施されています。最近はレーダーの性能も飛躍的に伸びたので制限が解除される事例も増えましたが、通信施設の周囲に高い建物があると邪魔だとして木造限定で六メートルの高さ制限が課されたり（旧上瀬谷通信基地）、電波雑音を発する機器の使用が禁止されたりする事例が多かったのです。

サイバー戦争という言葉があるように、現代の戦争では、情報を制するものが勝利するのが鉄則です。この条項の意味は米軍にとってますます大事になっていると言えるでしょう。

●ドイツでは法令の適用が明記されている

いくら日本の防衛のために駐留している米軍とはいえ（ここに異論のある人も少なくないかもしれないが、地位協定論なので、そこは論じない）、権利という言葉を使っていないにせよ、外国の軍隊が日本で好き勝手に何でもできるというのは、きわめて不正常ではないでしょうか。

一九九三年、ドイツは駐留するＮＡＴＯ軍（中心は米軍）の地位協定を補足するため、独自の協定を結び直しました（以下、ドイツ補足協定）。そこでは、「（基地の）使用に対しては、……ドイツの法令が適用される」と明記されています。ＮＡＴＯ軍が防衛上の必要な措置を執れること、ドイツ法令の適用には例外があることも書かれていますが、基本的な原則はドイツ法令の適用なのです（ドイツ補足協定の引用は、地位協定研究会著『日米地位協定逐条批判』より）。環境問題でもドイツの環境法規の遵守を義務づけています。

日米地位協定第三条の３項においても、「合衆国軍隊が使用している施設及び区域における作業は、公共の安全に妥当な考慮を払って行なわなければならない」ことが定められています。日本政府に気持があるなら、さまざまな演習被害等に対して、「公共の安全への考慮を定めた地位協定の義務違反」と迫ることも可能です。

実際、この条項をふまえ、日米間でも、日米地位協定を補足する環境協定が結ばれています（二〇一五年九月二八日）。発がん性物質を出した普天間基地への日本側の立入も、この協定の次の条項（概要）にもとづくものです。

（3）立入手続の作成・維持

日本の当局が次の場合に米軍施設・区域への適切な立入りを行えるよう手続を作成・維持する。

（ア）環境に影響を及ぼす事故（漏出）が現に発生した場合。

（イ）施設・区域の返還に関連する現地調査（文化財調査を含む。）を行う場合。

ここでは、米軍がアメリカと日本の環境基準を採用することがうたわれていますし、それは大事なことです。しかし、それもアメリカ側の自主的な判断に委ねられているものであり、日本の法令の適用が義務づけられているわけではないのです。

●特例法、合意議事録、合同委員会合意

なお、これまでの叙述のなかで、地位協定を理解する上で不可欠な仕組みがすべて出てきました。第二条の解説では、地位協定で与えられた特権を保障するため「特例法」が策定されること、また地位協定の取り決めを具体化するための「合同委員会合意」がつくられることを明らかにしました。そして第三条の解説では、地位協定と同時に協定の解釈に関する「合意議事録」がつくられたことを見ました。それに加えて、地位協定の「補足協定」が、軍属（第一条）と環境（第三条）に関して結ばれていることを紹介しました。

地位協定がどう運用されるかは、以上の文書をよく読んでいれば、大方は理解できます（日本政府の解釈によってこれらの合意を超える特権が与えられているものもあるが、それは本書のなかで指摘する）。また、明文化されたものも以上であり、その大半は外務省のウェブサイトで見ることができます。「大半は」と書いたのは、合同委員会合意は原則非公表とされているからで、それに関しては合同委員会を扱うところで論じます。合意議事録は、地位協定に関する政府の解釈を理解する上で不可欠のものであり、沖縄県が協定との対照表をウェブサイトで公開しているので役に立ちます。特例法の全体は、前出の『日米地位協定逐条批判』で列挙されていますが、必要なものは本書でも解説していきます。

このうち、国会を通過したのは、地位協定と特例法です。合意議事録と合同委員会合意は、あくまで協定と法の下位にあるべきものですが、そう言えないものも少なくありません。いずれにせよ、地位協定の仕組みの全体は、本書の論述のなかで明らかにしていきます。

全面改定を求めたが叶《かな》わず

地位協定

1　合衆国は、この協定の終了の際又はその前に日本国に施設及び区域を返還するに当たつて、当該施設及び区域をそれらが合衆国軍隊に提供された時の状態に回復し、又はその回復の代りに日本国に補償する義務を負わない。

2　日本国は、この協定の終了の際又はその前における施設及び区域の返還の際、当該施設及び区域に加えられている改良又はそこに残される建物若しくはその他の工作物について、合衆国にいかなる補償をする義務も負わない。

3　前記の規定は、合衆国政府が日本国政府との特別取極に基づいて行なう建設には適用しない。

行政協定

1　合衆国は、この協定の期間満了の際又はその前に日本国に施設及び区域を返還するに当つて、当該施設及び区域をそれらが合衆国軍隊に提供された時の状態に回復し、又はその回復の代りに日本国に補償する義務を負わない。

2　日本国は、この協定の期間満了の際又はその前における施設及び区域の返還の際、当該施設及び区域に加えられている改良又はそこに残される建物若しくはその他の工作物について、合衆国にいかなる補償をする義務も負わない。

3　前記の規定は、合衆国が日本国との特別取極に基いて行う建設には適用しない。

〈行政協定改訂問題点〉
13、あらかじめ合意された現状《ママ》変更以外は米側は回復又は補償義務を負うべし。
14、「施設・区域」の返還に当り米軍は設備、備品、定着物を一方的に撤去・解体せざること。
15、3項の規定は1項2項双方にかかるよう規定を明確化する。

この条項は、米軍が基地を返還することになった際、基地使用中に生じた変更をどうするかを定めたものです。原状を回復するのかしないのか、あるいは原状を回復するための費用をどうするのかという問題です。

細かいことのように思えますが、そうではありません。例えば、演習場であれば不発弾が埋まっている可能性があり、もとに戻すにしても時間と費用はバカになりません。あるいは、第三条で見たように、発がん性物質が残されている可能性もあるのですから、非常に重大な問題です。

しかし、この条項を見ていただければ分かるように、アメリカは「提供された時の状態に回復し、又はその回復の代りに日本国に補償する義務を負わない」と明記されています（1項）。

行政協定と比べても、変わっているのは言葉遣いだけで、本質的に同じものです。人から借りたものを返す際、壊れていたら修理して返すか、あるいは修理費用を負担するのが、人間社会の当然のルールです。そんなルールが通用しないのが日米関係だということです。

ただ、日本政府が行政協定を地位協定に改定する対米交渉に際して作成した「行政協定改訂問題点」を見ると、政府はこの条項を全面的に変えたいと思っていたことがうかがえます。「米側は回復又は補償義務を負うべし」「米軍は設備、備品、定着物を一方的に撤去・解体せざること」と、強い言葉で改定を求めています。

すでに見たことですが、第二条の基地提供や第三条の基地の管理は、ソ連や中国、北朝鮮を相手に米軍に戦ってもらうために不可欠だと考えたので、日本はあまり強い要求はしなかった。しかし、基地が返還されるということは、少なくともその基地に関しては、もはや中国や北朝鮮の脅威云々《うんぬん》の対象ではなくなっているということなので、普通のルールを適用しようとしたということでしょう。日本政府の思いは無残にも砕け散ってしまったのですけれども。これが示していることは、本筋のところでアメリカに依存している状態では、細かいところで抵抗したとしても、結局は押し切られるということではないでしょうか。

なお2項は、基地に改良が加えられている場合、日本側にも補償義務がないとしたものです。

改良して資産価値が上がっていても、その分をアメリカに支払わないでいいということを意味しており、これで法的には相互性を担保したかたちになっています。しかし、過去の事例を見ても、基地がそのまま使用できる状態で返還されることはあり得ず、ただの形式論に過ぎません。例えば沖縄では、一九七二年の返還以来現在まで、返還された土地の建物の撤去、汚染された土壌の処理などは合計で約一四八億八〇〇〇万円になっているとのことです(二〇二〇年五月一五日、琉球朝日放送の報道)。

第5条　出入と移動

唯一、国内法適用の可能性があったのに

地位協定

1　合衆国及び合衆国以外の国の船舶及び航空機で、合衆国によつて、合衆国のために又は合衆国の管理の下に公の目的で運航されるものは、入港料又は着陸料を課されないで日本国の港又は飛行場に出入することができる。この協定による免除を与えられない貨物又は旅客がそれらの船舶又は航空機で運送されるときは、日本国の当局にその旨の通告を与えなければならず、その貨物又は旅客の日本国への入国及び同国からの出国は、日本国の法令による。

2　1に掲げる船舶及び航空機、合衆国政府所有の車両（機甲車両を含む。）並びに合衆国軍隊の

行政協定

1　合衆国及び合衆国以外の国の船舶及び航空機で、合衆国によつて、合衆国のために又は合衆国の管理の下に公の目的で運航されるものは、入港料又は着陸料を課せられないで日本国の港又は飛行場に出入する権利を与えられる。この協定による免除を与えられない貨物又は旅客がそれらの船舶又は航空機に積載されているときは、日本国の当局に通告を与えなければならず、それらの貨物又は旅客は、日本国の法令に従つて入国させなければならない。

2　1に掲げる船舶及び航空機、合衆国政府所有の車両（機甲車両を含む。）並びに合衆国軍隊の

構成員及び軍属並びにそれらの家族は、合衆国軍隊が使用している施設及び区域に出入し、これらのものの間を移動し、及びこれらのものと日本国の港又は飛行場との間を移動することができる。合衆国の軍用車両の施設及び区域への出入並びにこれらのものの間の移動には、道路使用料その他の課徴金を課さない。

3　1に掲げる船舶が日本国の港に入る場合には、通常の状態においては、日本国の当局に適当な通告をしなければならない。その船舶は、強制水先を免除される。もつとも、水先人を使用したときは、応当する料率で水先料を支払わなければならない。

構成員及び軍属並びにそれらの家族は、合衆国軍隊が使用する施設及び区域に出入し、それらの間を移動し、並びにそれらの施設及び区域と日本国の港との間を移動する権利を与えられる。

3　1に掲げる船舶が日本国の港に入る場合には、通常の状態においては、日本国の当局に適当な通告をしなければならない。前記の船舶は、強制水先を免除される。但し、水先人を使用したときは、相当な料率で水先料を支払わなければならない。

〈行政協定改訂問題点〉

16、「施設」に非《あら》ざる開港については入港料、着陸料を課すべし（1項）。

17、後段につき、非免除貨物、旅客の「出国」も規定すべし（1項）。

地位協定第二条で基地の提供の仕方を決め、第三条で提供した基地とその近傍の使い方を決めたわけですが、米軍は、提供された基地内に止《とど》まっているわけではありません。「出動」というような大げさなものではなくても、ローテーションその他で本国との間での出入もしますし、軍用機が空港と空港の間を移動したりもします。第五条はそういう出入と移動に関する事項を定めた条項です。米軍の駐留を認める限り不可欠なものです。

ただし、ここで定められているのは、出入では日本の港や港湾が対象であり、移動も日本の領土、領空、領海のものです。米軍基地への「出入」は規定されていません（基地間の移動は日本の領域を通過するので規定されている）。第三条で基地内と近傍の権利が認められているので、そこへの出入はその規定で十分だということでしょう。

●膨大な入港料、着陸料を免除

地位協定は、米軍の航空機や船舶は、「入港料又は着陸料を課されないで日本国の港又は飛行場に出入することができる」としています（1項）。それに車両も加えて、基地への「出入」と基地間の「移動」、民間の港湾、空港の間の「移動」も「できる」としています（2項）。行政協定と比べて構造は同じですが、用語は違っています。行政協定の場合は、「できる」

ではなく、「権利を与えられる」とされているのです。

その用語の変化は、これまで見てきた限りでは、権利という言葉はなくなったけれども実態は変わらないのですから、意味のないものでした。しかし、この条項では期待がふくらみます。なぜかと言えば、日本政府は在日米軍には日本の法令は適用されないとあれほどくり返すのに、前出の合意議事録を見ると、この第五条に限って、「特に定めのある場合を除くほか、日本国の法令が適用される」と明記しているからです。もしかしたらこの条項は、出入や移動は「できる」けれども、権利ではない以上、日本側が認めなければ「できない」こともあるし、「できる」場合に限って「入港料又は着陸料を課されない」ことのみを定めたものなのではないかと思わせるのです。

第三条で紹介したドイツ補足協定は、「車両、船舶及び航空機により連邦共和国に入国し、又は連邦領域の内部もしくは上空を移動する権利を有する」と規定しています（第五十七条1項a）。主権を貫徹した先進例と称されるドイツより、日米地位協定のほうが文面上は日本の主権が明確なことも、期待をもたせます。

しかし、まず「入港料又は着陸料を課されない」というだけの規定だったとしても、ものすごい特権だということを指摘しておきます。飛行機が空港を使用する際、空港使用料（着陸料）が課されますが、例えば米軍は日本の民間空港に一年間で三〇〇回程度着陸しており（表2）、成田空港の場合、国際線一回あたりの着陸料は四二万八〇〇〇円とされています（B777－200型。二〇一六年の成田国際空港株式会社資料。関空の八割程度の値段）。この費用は思いやり予算などとは別枠です。

なお、「行政協定改訂問題点」は、「権利」問題では何も述べないまま、「『施設（基地のこと—引用者）』に非ざる開港については入港料、着陸料を課すべし」としています。「開港」というのは国際船舶が寄港できる港のことで、国が管理する場合が多い空港の場合は使用料免除のままでいいけれども、自治体管理が多い港の場合は特権は与えない意思を明確にしたものです。しかし、合意された地位協定では、空港も港も区別せずに「入港料又は着陸料を課されない」となっています。日本の要求は、ここでもはねつけられたのです。

一方、「行政協定改訂問題点」は、特権・免除を与えない貨物、旅客は「日本国の法令に従つて入国」させるとの行政協定の規定（1項後段）について、「『出国』も規定すべし」と求めていますが、地位協定はその線を確保し、「入国及び同国からの出国は、日本国の法令による」としています。ここまできてようやく日本側の要求が認められたわけで、稀少《きしょう》な一例です。

しかし、行政協定下で日本の法令に従って入国した人が、出国する際には日本の法令を無視す

表2 米軍機の民間空港着陸回数(最近5年間)

単位:回

空港名	2015年	2016年	2017年	2018年	2019年
成田	0	0	0	0	0
中部	0	27	0	0	0
関西	0	0	0	0	1
大阪	38	4	3	1	30
東京	2	0	1	2	7
新千歳	1	1	0	0	0
稚内	0	0	2	0	0
釧路	14	9	11	5	7
函館	1	1	0	0	1
仙台	13	15	20	18	5
新潟	0	0	0	0	0
広島	0	0	0	0	0
高松	9	2	1	1	0
松山	0	0	0	0	0
高知	6	0	0	1	0
福岡	59	66	94	71	59
北九州	0	0	0	0	0
長崎	33	28	48	55	48
熊本	9	45	8	5	28
大分	14	0	1	0	0
宮崎	0	0	0	0	0
鹿児島	0	0	1	0	1
那覇	2	4	3	2	6
旭川	0	0	0	0	0
帯広	0	0	0	0	0
秋田	0	0	0	0	0
山形	0	0	0	0	0
山口宇部	0	0	0	0	0
利尻	0	0	0	0	0
礼文	0	0	0	0	0
奥尻	0	0	0	0	0
中標津	1	0	0	0	0
紋別	0	0	0	0	0
女満別	0	0	0	0	0
青森	2	0	1	0	3
花巻	0	0	0	0	0
大館能代	0	0	0	0	0
庄内	0	0	0	0	0
福島	0	0	0	0	1
大島	0	5	0	0	0
新島	0	0	0	0	0
神津島	0	0	0	0	0
三宅島	4	0	0	0	0
八丈島	0	0	1	0	0
佐渡	0	0	0	0	0

空港名	2015年	2016年	2017年	2018年	2019年
富山	0	3	0	0	0
能登	0	0	0	0	0
福井	0	0	0	0	0
松本	0	0	0	0	0
静岡	0	1	1	0	0
神戸	0	0	0	0	0
南紀白浜	7	17	13	15	17
鳥取	0	0	0	0	0
隠岐	0	0	0	0	0
出雲	0	0	0	0	0
石見	0	0	0	0	0
岡山	0	0	0	0	0
佐賀	0	1	0	0	0
対馬	0	0	0	4	0
小値賀	0	0	0	0	0
福江	0	0	0	0	0
上五島	0	0	0	0	0
壱岐	0	0	0	0	0
種子島	38	2	7	5	20
屋久島	0	0	0	0	0
奄美	62	36	37	35	50
喜界	0	0	0	0	0
徳之島	3	5	0	0	0
沖永良部	0	0	0	0	1
与論	0	0	2	0	0
粟国	0	0	0	0	0
久米島	0	1	2	0	0
慶良間	0	0	0	0	0
南大東	0	0	0	0	0
北大東	0	0	0	0	0
伊江島	0	0	0	0	0
宮古	0	0	0	0	0
下地島	0	0	0	0	0
多良間	0	0	0	0	0
石垣	0	0	4	0	0
波照間	0	0	0	0	0
与那国	0	0	0	0	0
調布	0	2	0	0	0
名古屋	24	39	37	30	33
但馬	0	0	0	0	0
岡南	7	7	7	7	6
天草	0	0	0	0	0
大分県央	0	0	0	0	0
八尾	10	3	13	5	2
合計	359	324	318	262	326

提供/国土交通省

るなどは想定しがたいことなので、当然の結果だと思います。

●協定の文面だけで平等性の比較はできない

では、日本はおカネの負担は求められるが、アメリカの「権利」は明示されなかったので、入出国を日本側が許可したり、不許可にしたりすることはできるようになったのか。答えは、残念ながら、ノーです。米軍が入出国に際して日本の港、空港を利用したり、それらの間を移動するのは、実際にはアメリカの権利のままなのです。第三条の管理権と同様、権利という言葉は慎重に削除されましたが、実態は変わっていないのです。

合意議事録にそう書いているわけではありません。そんな合同委員会合意も存在しません(非公表の合意がある可能性は排除できませんが)。そんなものがなくても、日本政府がアメリカの権利だと公然と認めることによって、そういう実態がつくられているのです。例えば、以下の政府答弁をご覧ください。

「地位協定によりまして、全面的に港湾なり空港を使用するアメリカ側が権利は持っております」(外務政務次官)

「協定上認められている権利でございますので、そのつど外務省あるいは日本側に、使いたいということの承認を求める性格のものでございません」（北米局安全保障課長）

（一九六七年四月二八日、衆議院運輸委員会）

地位協定その他に明文で定められていなくても、日本政府がアメリカの要求を認め、慣行が積み重なって、いつの間にか「権利」にまでなってしまう。地位協定をめぐっては、こういう実態が存在します。活字になっている合意をどんなに眺めても、なぜそんな解釈になるか説明できない。しかしこうして、日本の港や飛行場を使う際はタダにしますよとしか見えない規定が、アメリカ側はいつでも日本の港や飛行場を使う権利を持っていて、日本側は拒否できないという規定になってしまうのです。

先ほどドイツ補足協定が米軍の出入と移動の「権利」を明示的に認めていることを紹介しましたが、その協定は同時に、「（ドイツ）連邦政府による承認」を条件としています。軍隊派遣国が「権利」を持つことと、受入国の「承認」が不可欠なことは矛盾しないのです。ところが日本では、地位協定には権利と書いているわけではないのに、日本政府はアメリカの権利であると答弁し、「承認を求める性格のものでございません」とまで述べているのです。協定の文面だけを見て平等性を比較できないことの好例と言えるでしょう。

なお、日本政府の承認が不要だということは、実際に空港に着陸したりする際、その空港管理者への「通告」まで不要だということではありません。安全面からもそれは無理です。ただし、民間機の場合、通常、二カ月前には通告が来るが、米軍の場合はその日の朝に来るというのが普通のようです（九州のある空港長の証言）。

●米軍への交通法令の適用とその例外

第五条についての合意議事録で、「特に定めのある場合を除くほか、日本国の法令が適用される」と明記していることを紹介しました。第十六条で詳しく論じることになりますが、日本政府の基本的立場は、一般に米軍には日本の法令は適用されないというものです。それなのになぜ、第五条だけは特別扱いなのでしょうか。

その理由は、日本の領土、領空で車両や航空機が行き来する際、米軍の車両や航空機だけは日本の法令を守らないでいいということになれば、交通秩序が混乱し、重大な事故を引き起こしかねないところにあります。「車両の通行については、日米地位協定上、我が国の交通秩序維持の観点から、我が国の交通関係法令に従うものとされている」（一九八五年四月二六日、質問主意書への答弁書）のです。米軍車両なら赤信号を無視できるなど考えられないことですから、あまりにも当然でしょう。

では、空はどうでしょうか。航空機の飛び方は二つに分かれます。計器飛行と有視界飛行です。計器飛行とは、計器の指示に従って飛行するもので、この場合、いつどんなルートや高度で飛ぶのかを事前に管制当局に提出し、承認を得て飛ぶのです。そうしないと航空機同士が衝突して大事故につながりかねません。これは米軍機でも変わりません（後述するように、その管制の一部を米軍が担うという特殊性はある）。有視界飛行とは、主にはヘリコプターのように、パイロットが自分の目で障害物等を確認し、飛行する方式です。この場合、事前に飛行計画を提出する必要はありますが、飛行体の速度が遅いこともあり、パイロットの判断で自由に飛行高度を選ぶことができます。米軍機が有視界飛行する際も同じです。

この事実を見ると、米軍機の空の交通にも、日本の法令が適用されているように思えます。しかし、有視界飛行する米軍機は、ヘリコプターだけではありません。戦闘機が訓練のために戦闘時さながらの非常な高速で飛行しており、ドクターヘリなどとの接近・衝突が危惧されています。しかも、あとで詳しく論じますが、日本の航空機は低空で飛行することを禁止されているのに（航空法第八十一条では、航空機は離着陸時以外は省令で定めた最低安全高度以下を飛行してはならないとされる。住宅密集地では三〇〇メートル、その他は一五〇メートル）、米軍機の低空飛行訓練は「航空法特例法」によって容認されているのです（その他、夜間飛行の際の灯火義務、飲酒しての操縦禁止などが包括的に免除されている）。「日本国の法令が適用される」のは、あくまで陸上に限られているということです。

●米軍の権利と自治体の港湾管理権は衝突する

一方、日本の港のほとんどは、自治体が法律上の管理権を有しています。港を使うのも米軍の権利だといくら政府が国会で答弁しようが、自治体の港湾管理権が優先されることは、くつがえしようがありません。

それを端的に示しているのが、いわゆる非核神戸方式です。神戸市は一九七五年、市議会が「核兵器積載艦艇の神戸港入港拒否に関する決議」を可決して以降、入港する船舶に非核証明書の提出を義務づけています。それが核兵器の搭載を肯定も否定もしないという米軍の方式と衝突することになり、米艦船はそれ以来、神戸港には一隻も入港していません。

日本政府は、「安保条約及び地位協定のもとの米軍の権利がある以上、これは国の米軍に対するアクセスを認めるという日米間の国際約束でございますから、これに従って（自治体の—

引用者）管理権を行使していただく」（一九八八年五月一二日、衆議院内閣委員会）という立場です。しかし他方で、同じ答弁で、「空港ないし港湾の管理者が、その管理権に基づきまして、事実上いかなる艦船であろうと航空機であろうとその場所の利用を妨げることは物理的には可能なわけでございます」とも述べています。

こうして、外交や安全保障にかかわる問題であっても、自治体の権利が優先される場面が生まれるのです。地位協定第三条で与えられた米軍の基地管理権を排他的なものとして擁護する以上、法的に同じレベルにある自治体の港湾管理権は排他的ではないという理屈は成り立たないのでしょう。

ただし、一九九九年に成立した周辺事態法（現在は重要影響事態法）では、「そのまま放置すれば、日本の平和及び安全に重要な影響を与える事態」に際して米軍が民間の港を使う場合も、自治体の許可が必要だと認めつつ、国が自治体に対して「協力要請」をできる仕組みができ上がりました。二〇〇三年に成立した武力攻撃事態法では、自治体に対して「要請」だけでなく「指示」もできることとされ、それを自治体が受け入れない時は国の権限で使えるようにしました。これまで両法が自治体に対して発動されたことはありませんが、発動される場合、自治体の管理権との関係で深刻な矛盾に直面することになると思われます。

軍事優先で米軍が管制を実施

地位協定

1　すべての非軍用及び軍用の航空交通管理及び通信の体系は、緊密に協調して発達を図るものとし、かつ、集団安全保障の利益を達成するため必要な程度に整合するものとする。この協調及び整合を図るため必要な手続及びそれに対するその後の変更は、両政府の当局間の取極によつて定める。

2　合衆国軍隊が使用している施設及び区域並びにそれらに隣接し又はそれらの近傍の領水に置かれ、又は設置される燈火その他の航行補助施設及び航空保安施設は、日本国で使用されている様式に合致しなければならない。これらの施設を設置した日本国及び合衆国の当局は、その位置及び特

行政協定

1　すべての非軍用及び軍用の航空交通管理及び通信の体系は、緊密に協調して発達を図るものとし、且つ、集団安全保障の利益を達成するため必要な程度に整合するものとする。この協調及び整合を図るため必要な手続及びそれに対するその後の変更は、相互の取極によつて定める。

2　合衆国軍隊が使用する施設及び区域並びにそれらに隣接する領水又はそれらの近傍に置かれ、又は設置される燈火その他の航行補助施設及び航空保安施設は、日本国で使用されている様式に合致しなければならない。これらの施設を設置した日本国及び合衆国の当局は、その位置及び特徴を

徴を相互に通告しなければならず、かつ、それらの施設を変更し、又は新たに設置する前に予告をしなければならない。

相互に通告しなければならず、且つ、それらの施設を変更し、又は新たに設置する前に予告をしなければならない。

〈行政協定改訂問題点〉

18、すべての民間・軍用航空交通管理及び通信の体系は航空交通の安全及び安全保障の利益のため調整される（1項）。

この条項は、「すべての非軍用及び軍用の航空交通管理及び通信の体系」を日米両国が調整するためのものです。第五条を論じた際、米軍機も計器飛行をする場合、航空管制を受けることを述べましたが、日本の狭い国土の上空を、日本と米軍の飛行機が飛び交うわけですから、その調整が必要なことは言うまでもありません。

これだけを書くと、地位協定のあれこれの条項の一つ、という程度で受け止められそうです。しかし、この条項ほど、日米地位協定の異常さを象徴するものはありません。少し付き合ってください。

●民間機が外国軍の管制を受けるという世界的非常識

管制業務には三つの種類があります。まず、飛行場に着陸したり、そこから飛び立ったりする場合の管制は、飛行場管制と呼ばれます。それぞれの飛行場に管制官がいて誘導するわけです。一方、例えばアメリカを出発して太平洋を日本に向かうような飛行機は、太平洋上などで航空路管制を受けます。どの管制機関がどの航空路を担当するかは、ＩＣＡＯ（国際民間航空機関）が決めています。その中間で、航空路を外れて例えば日本の成田に着陸することを目指して下降するような場合の管制は（逆の場合も同じ）、進入管制と言われています。周辺の複数の飛行場を管轄する管制機関が行うのです。

少し考えれば分かるように、飛行場管制と進入管制は、空港の存在する国が国家主権の発動として行うものです。他国の飛行機が日本の領空に入ってきて、さらには空港に着陸するのを許可したり、拒否したりするのですから、他国に任せるなど考えられません。世界の空を知り尽くしているパイロットに聞いても、ある国に着陸したり離陸したりする時、その国の軍の管制を受けることはあり得ても、別の国の軍隊による管制を受けた経験のある人など皆無です。

ところが日本の場合、その常識が通用しません。それが飛行場管制ならば、嘉手納基地に着陸する米軍機が米軍の管制を受けるということであり、非常識とまでは言えないでしょう。しかし、日本では、民間空港への進入管制をアメリカ軍がやっている箇所があります。それが横田空域（図4）と岩国空域（図5）です。以前は沖縄にも同様の空域が存在しました。

横田空域は、米軍横田基地の進入管制空域であり、東京、神奈川、静岡、山梨、長野、新潟などにまたがる高度二万三〇〇〇フィートに達する空域です。羽田空港から出発し、北陸、中国、九州方面に向かう飛行機の大半は（逆の場合もです）、ここで米軍の管制を受けることになります。米軍の許可が出なければ通過できないし、許可が出ないまま羽田での地上待機や上空での空中待機を強いられることがあります。

米軍岩国基地による管制も、四国西部から山陰の日本海沿岸まで広がっています。広島、高松、松山の各空港を離発着する飛行機は、その管制を受けることを余儀なくされているのです。

こんな異常がなぜまかり通っているのか。出発点は理解できないではありません。日本は敗戦にともなってアメリカに占領され、当時、航空管制はアメリカのもとにありました。

一九五二年に日本は独立しましたが、日米合同委員会の合意（五二年六月）により、「わが国の自主的な実施が可能となるまでの間」は、「米軍が軍の施設で行う管制業務を利用して民間航空の安全を確保する」とされました。戦争で国土が荒廃した日本にとって、航空産業の復活

図4　横田空域の概念図

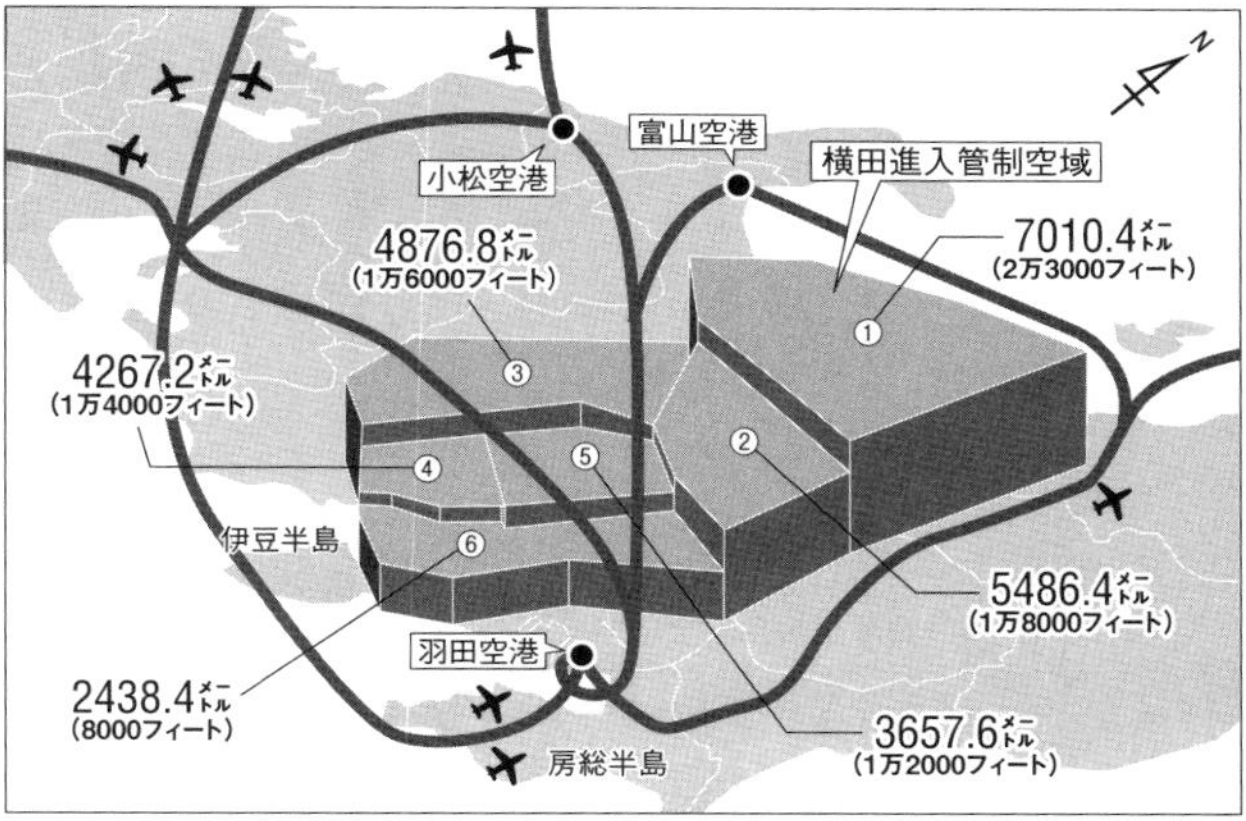

図5　岩国空域の概念図

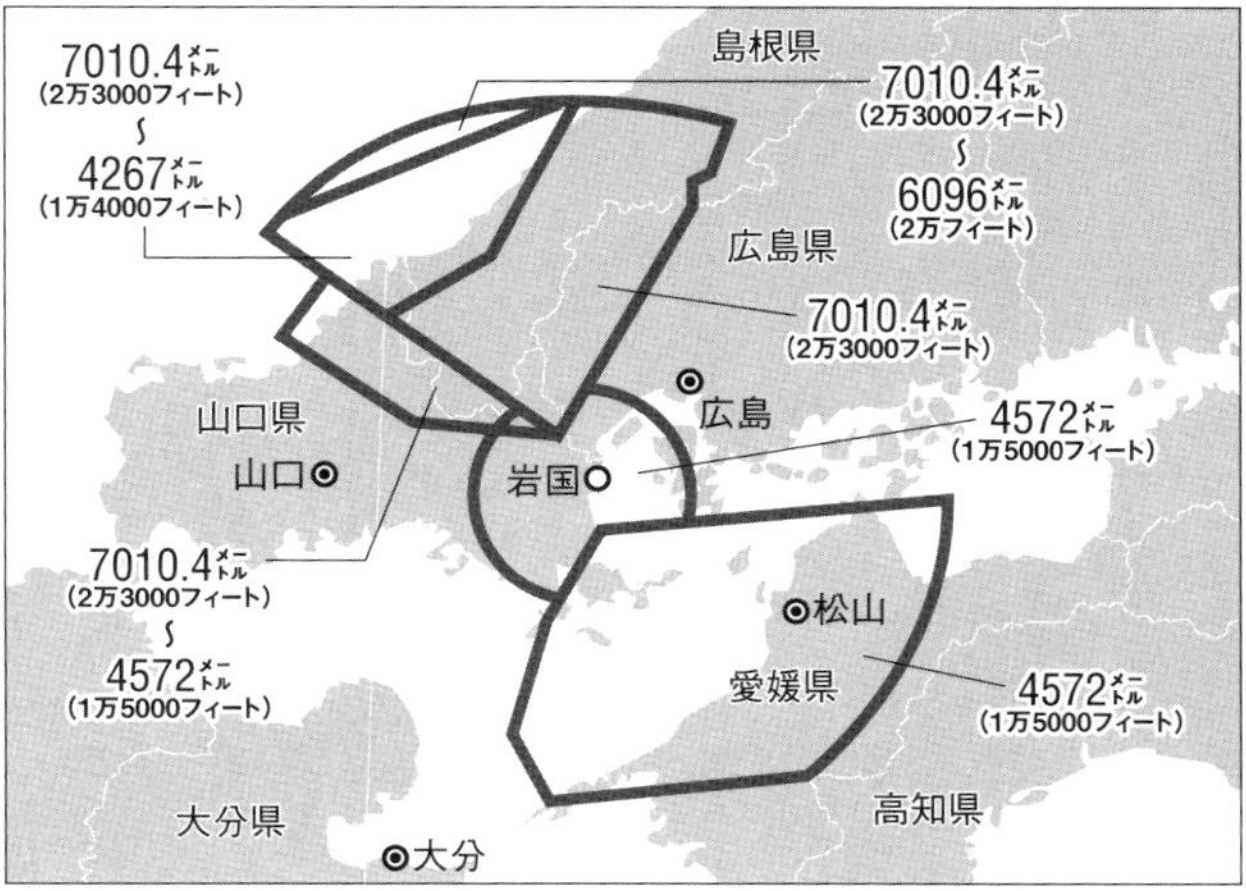

などまだ遠い先のように見えましたし、管制官も育っていませんでした。アメリカにとっても、まだ朝鮮戦争は継続しており（休戦協定は五三年七月）、管制業務を手放すことは考えられなかったでしょう。けれども、それ以降のことは、まったく理解できません。

●「安全」ではなく「安全保障」を優先させて

一九五九年六月、ようやく管制業務を日本が行えるようになります。しかし、その際、日米合同委員会によって、以下のように合意がされました。

1、米軍に提供している飛行場周辺の飛行場管制業務、進入管制業務を除き、すべて、日本側において運営する。

2、防空任務に従事する軍用機に対しては交通管制上、最優先権を与えることに同意している。……

「すべて、日本側において運営する」（1項）とされているので画期的な変化かと思いきや、「米軍に提供している飛行場周辺の飛行場管制業務、進入管制業務を除き」ですから、米軍飛行場の管制だけではなく、その周辺は進入管制も引き続き米軍が行うということです。横田空域・岩国空域の根拠となっている「進入管制業務」でもアメリカの権利を認めたのです。実態に変化はなかった。また、2項にあるように、軍事優先も変わらないということです。

五九年と言えば、行政協定を地位協定に変える交渉が開始された年です。日本側は、交渉に臨むのに際して、航空管制問題をどう捉えていたでしょうか。「行政協定改訂問題点」は、この分野での両国の協調の基準を、「航空交通の安全」と「安全保障の利益」の二つにすべきことを述べています。これは、行政協定が「集団安全保障の利益」だけを基準としていたので、それをくつがえそうとしたものです。しかし、現行地位協定を見れば分かるように、行政協定とまったく同じで「集団安全保障の利益」だけが基準とされました。つまり、日本の空の交通管理の体系は、「安全」を基準とすることなく、あくまで「集団安全保障の利益」のためにつくられているということです。運輸省（当時）は「航空交通の安全」を基準としたかったが、「安全保障」だけを基準とするアメリカは譲らず、外務省も同調したというところでしょうか。安全保障が理由になれば日本もアメリカ側と一体になるというのは、本書のこれまでの分析からも導き出せることです。その結果、日本の空では「安全」は基準とされていないのです。

なお、地位協定と直接の関係はありませんが、当時は空の警戒監視も航空自衛隊ではなく在日米空軍が行っていました。五九年の九月、いわゆる「松前・バーンズ協定」により米軍のレーダーサイトが自衛隊に移管され、六五年になってようやく、米軍は領空侵犯措置のための警戒待機を完了し、領空侵犯に対処する任務は全面的に日本側が担うという経過をたどります。

七五年五月、いま紹介した航空管制に関する五二年と五九年の二つの合意は失効します。しかし、その際に結ばれた新たな日米合同委員会合意でも、「日本政府は、米国政府が地位協定に基づきその使用を認められている飛行場およびその周辺において引続き管制業務を行うことを認める」とされ、「周辺」という言葉で進入管制を認めているのです。「米国政府は、右管制業務が必要でなくなった場合には、日本政府に対して事前通報を行った上で、これを廃止する」ともされているので、いつかは米軍の管制がなくなることを期待しているのでしょうが、アメリカ側として「必要でなくなった場合」なので、あくまで判断はアメリカ任せなのです。現在、「岩国基地の運用マニュアルでも、軍用機と民間機が『競合』すれば軍用機を優先すると明記」(「中国新聞」二〇一八年四月一七日)しているとされます。

外国軍隊が日本で管制業務を行うという国際的な異常を許している根拠は、これまで見てきた通り、日米両国が安全より軍事を優先させているという現実にあります。朝鮮戦争もまだ法的に終わったわけではなく、米軍は準戦時体制下にあります。それにふさわしい訓練もしています。そのためには管制業務は手放せないという判断なのでしょう。

●国家主権の侵害が何の法的な根拠もなしに

さらに問題だと感じるのは法的根拠の欠如です。外国軍隊に日本の管制業務を任せるということが、しかも航空の安全の見地を排除し、軍事を優先するために任せるということが、何の法的根拠もなく行われていることです。

地位協定のどこを見ても、管制に関するアメリカの権利を認めるような文面はありません（管制という言葉さえない）。普通だったら、地位協定（あるいは合意議事録のように行政府同士の取り決め）にそれらしい根拠が書いてあり、それをもとにして無理矢理にでも国内特例法をつくって、アメリカに管制を認めることを立法化するのが筋でしょう。ところが、特例法も合意議事録もないまま、日米合同委員会という国会も関与できない場の合意によって、これだけの特権が米軍に与えられているのです。外務省も次のようにそれを認めています（「地位協定の考え方」）。

このような管制業務を米軍に行わせている我が国内法上の根拠が問題となるが、この点は、……合同委員会の合意のみしかなく、航空法上の積極的な根拠規定はない。
米軍による右の管制業務は、航空法第九六条の管制権を航空法により委任されて行つているものではなく、……「管制業務を協定第六条の趣旨により事実上の問題として委任した」という程度の意味……。
米軍による管制は、厳密な航空法の解釈としては、航空法上の意味がないので、我が国民は、これに従う法的義務はないものと考えられる。

さらに、言うに事欠いて、これを米軍によるサービスだとまで言いだす始末です。

むしろ、米側が必要な限り我が国民間機にサーヴィスを提供している空域であつて、我が方にとつて特に支障となるものではない。

安全保障のために必要だと判断したら、国会や国民に諮ることなく、米軍に強大な特権を与える。冒頭で日米関係を象徴すると述べたのは、まさにこのことです。

第7条　公益事業の利用

米軍に与えられた優先権

地位協定

合衆国軍隊は、日本国政府の各省その他の機関に当該時に適用されている条件よりも不利でない条件で、日本国政府が有し、管理し、又は規制するすべての公益事業及び公共の役務を利用することができ、並びにその利用における優先権を享有するものとする。

行政協定

合衆国軍隊は、日本国政府の各省各庁に当時適用されている条件よりも不利でない条件で、日本国政府に属し、又は日本国政府によつて管理され、若しくは規制されるすべての公益事業及び公共の役務を利用する権利並びにその利用における優先権を享有する権利を有する。

〈行政協定改訂問題点〉
19、「優先権」を削除する。

「日本国政府が有し、管理し、又は規制するすべての公益事業及び公共の役務」の利用に関する取り決めです。これは、国みずからが行っている事業だけではなく、郵便、電気、電信電話、水道、ガス、交通、放送など、国が法令によって規制している私的な企業も含め、公共的な事業を対象としています。米軍は、それらの事業を利用するに際して、「（日本国政府などに）適用されている条件よりも不利でない条件」で利用できること、また「利用における優先権」が与えられることを明記しています。

「優先権」が米軍に与えられることは行政協定でも明記されていました。行政協定改定交渉に臨んだ日本政府は、この分野では日米平等が当然だと思ったのか、「『優先権』を削除する」（「行政協定改訂問題点」）ことを求めました。米軍が軍事機能を発揮させる点で必要なことは譲歩するが、そのほかの点では主権を貫く姿勢を見せるという、いつものパターンです。しかし、他の多くの場合と同様に要望は通らず、優先権の言葉が地位協定でもそのまま残されました。

この優先権はさまざまな分野で確保されています。例えば、「電気通信事業法等特例法」は、法が定めるすべての義務（届出・許認可等）を米軍に関しては除外しています。さらに、日米合同委員会の合意によって、米軍は基地内の電気通信施設について措置がとれること、基地外の施設も優先利用権を有すること、「日本防衛」のために必要な時は、米軍みずからが施設を建設、管理、運用できることになっています。

一方、利用料金に関しては、「(日本国政府などに)適用されている条件よりも不利でない条件」で利用できるとされていますが、実態はさまざまです。例えば、水道料金については、そもそも政府や自治体の利用料金に特例を設けている自治体は少なく、米軍だからといって安くしようがありません。そこで政府は一九九〇年代になって、いわゆる思いやり予算(第二十四条で扱う)によって光熱水料等を日本側が負担するようにしたという経緯があります。

はねつけられた「全文修正」

地位協定

日本国政府は、両政府の当局間の取極に従い、次の気象業務を合衆国軍隊に提供することを約束する。

（a）地上及び海上からの気象観測（気象観測船からの観測を含む。）

（b）気象資料（気象庁の定期的概報及び過去の資料を含む。）

（c）航空機の安全かつ正確な運航のため必要な

行政協定

日本国政府は、現行の手続で、次の気象業務を合衆国軍隊に提供することを約束する。但し、その手続は、随時に両政府間で合意されるべき変更又は日本国が国際民間航空機関若しくは世界気象機関の加盟国となつた結果として生ずべき変更を受けるものとする。

（a）地上及び海上からの気象観測（「X」及び「T」という位置にある気象観測船からの観測を含む。）

（b）気象資料（中央気象台の定期的概報及び過去の資料を含む。）

（c）航空機の安全且つ正確な運航のため必要な

気象情報を報ずる電気通信業務
（d）地震観測の資料（地震から生ずる津波の予想される程度及びその津波の影響を受ける区域の予報を含む。）

気象情報を報ずる電気通信業務
（d）地震観測の資料（地震から生ずる津波の予想される程度及びその津波の影響を受ける区域の予報を含む。）

〈行政協定改訂問題点〉
20、全文修正。

この条項は、見ての通り、日本が米軍に対して気象業務を提供することを約束したものです。注目してほしいのは、日本政府は行政協定の改定にあたり、「全文修正」という強めの要求を出しているのに、地位協定になっても結局、字句上の修正に止まっていることです。

気象の状態を正確に把握することは、戦争に勝利する上で欠かすことができません。気象衛星などはGPSに依存して運用されていますが、実はそのGPSを管理しているのはアメリカの空軍です。正確な情報を日本からもらい、絶対に戦争に勝利する――このアメリカの気迫に日本側が屈したということでしょう。なぜ「全文修正」を求めたかの理由は書かれていませんが、おそらく日本側が一方的に情報を提供するということが、あまりに不平等だという判断だったのだと思われます。この点について言うと現在、日米合同委員会の合意によって、アメリカ側から気象庁に与えられる情報の内容が規定されています。実をとって名を捨てた、というところでしょうか。

（a）から（d）までは具体的にどんなことを意味しているのかは、専門用語も多く、つかみにくいでしょう。以下、外務省の解説を掲げておきます（「地位協定の考え方」）。

（a）「地上及び海上からの気象観測」については、観測の結果が気象庁に集められ、気象庁で内外の気象機関の用に供するためラジオテレタイプ放送（JMG）を行つているが、これとほぼ同様の資料が府中にある米軍気象中枢へ専用線を通じて送られている。

（b）「気象資料」については、主として気象庁の刊行する気象月報等の定期刊行物等を提供している。その他刊行されない資料についても、要請により閲覧の便等を与えている。

（c）「航空機の安全かつ正確な運航のため必要な気象情報を報ずる電気通信業務」としては、気象庁が気象解析を行うために、近隣諸国の気象放送を受信しているものを、専用線により分送しているものが大部分である。

（d）「地震観測の資料」としては、気象庁が気象業務法に基づいて発表する津波警報が米軍に伝達されるようになつている。

なお、外務省の名前を冠した「日米地位協定の考え方」は、当初のものも増補版も、「秘」「無期限」のスタンプが押された非公開文書であり、すでに紹介したように、政府は文書の存在は認めていますが、現在も公式には公開されていません。ただし、政府の実際の国会答弁、行動と適合しているので、間違いないものとして事実上オーソライズされています。

日本側はコロナの検疫もできず

地位協定

1　この条の規定に従うことを条件として、合衆国は、合衆国軍隊の構成員及び軍属並びにそれらの家族である者を日本国に入れることができる。

2　合衆国軍隊の構成員は、旅券及び査証に関する日本国の法令の適用から除外される。合衆国軍隊の構成員及び軍属並びにそれらの家族は、外国人の登録及び管理に関する日本国の法令の適用から除外される。ただし、日本国の領域における永久的な居所又は住所を要求する権利を取得するものとみなされない。

3　合衆国軍隊の構成員は、日本国への入国又は日本国からの出国に当たつて、次の文書を携帯し

行政協定

1　合衆国は、この協定の目的のため合衆国軍隊の構成員及び軍属並びにそれらの家族である者を日本国に入れる権利を有する。

2　合衆国軍隊の構成員は、日本国の旅券及び査証に関する法令の適用から除外される。合衆国軍隊の構成員及び軍属並びにそれらの家族は、外国人の登録及び管理に関する日本国の法令の適用から除外される。但し、日本国の領域に永久的な居所又は住所を有する権利を取得するものとみなしてはならない。

3　合衆国軍隊の構成員は、日本国への入国又は日本国からの出国に当つては、次の文書を携行し

なければならない。

（a）氏名、生年月日、階級及び番号、軍の区分並びに写真を掲げる身分証明書

（b）その個人又は集団が合衆国軍隊の構成員として有する地位及び命令された旅行の証明となる個別的又は集団的旅行の命令書

　合衆国軍隊の構成員は、日本国にある間の身分証明のため、前記の身分証明書を携帯していなければならない。身分証明書は、要請があるときは日本国の当局に提示しなければならない。

4　軍属、その家族及び合衆国軍隊の構成員の家族は、合衆国の当局が発給した適当な文書を携帯し、日本国への入国若しくは日本国からの出国に当たつて又は日本国にある間のその身分を日本国の当局が確認することができるようにしなければならない。

5　1の規定に基づいて日本国に入国した者の身分に変更があつてその者がそのような入国の資格

なければならない。

（a）氏名、生年月日、階級及び番号、軍の区分並びに写真を掲げる身分証明書

（b）合衆国軍隊の構成員としての個人の身分又は集団の地位及び命令された旅行を証明する個別的又は集団的旅行の命令書

　合衆国軍隊の構成員は、日本国にある間の身分証明のため、前記の身分証明書を携行しなければならない。

4　軍属、その家族及び合衆国軍隊の構成員の家族は、合衆国の当局が発給した適当な文書を携行し、日本国への入国若しくは日本国からの出国に当つて又は日本国にある間その身分を日本国の当局が確認することができるようにしなければならない。

5　本条1に基いて日本国に入国した者の身分に変更があつてその者が前記の入国の権利を有しな

を有しなくなつた場合には、合衆国の当局は、日本国の当局にその旨を通告するものとし、また、その者が日本国から退去することを日本国の当局によつて要求されたときは、日本国政府の負担によらないで相当の期間内に日本国から輸送することを確保しなければならない。

6　日本国政府が合衆国軍隊の構成員若しくは軍属の日本国の領域からの送出を要請し、又は合衆国軍隊の旧構成員若しくは旧軍属に対し若しくは合衆国軍隊の構成員、軍属、旧構成員若しくは旧軍属の家族に対し退去命令を出したときは、合衆国の当局は、それらの者を自国の領域内に受け入れ、その他日本国外に送出することにつき責任を負う。この項の規定は、日本国民でない者で合衆国軍隊の構成員若しくは軍属として又は合衆国軍隊の構成員若しくは軍属となるために日本国に入国したもの及びそれらの者の家族に対してのみ適用する。

くなつた場合には、合衆国の当局は、日本国の当局に通告するものとし、また、その者が日本国から退去することを日本国の当局によつて要求されたときは、日本国政府の負担によらないで相当の期間内に日本国から輸送することを確保しなければならない。

〈行政協定改訂問題点〉

21、「合衆国は……入れる権利を有する」の代りに「日本政府は、……入国及び出国の許可を与える」とする（1項、5項）。

22、合衆国は出入国者数を日本当局に通知する（1項、5項）。

23、構成員は要求を受けた場合は身分証明書を提示する（3項、4項）。

24、軍属、家族は出入国に際して旅券を携帯し、要求あつた場合は旅券又は身分証明書を提示する（3項、4項）。

この条項は、いわゆる出入国管理に関するものです。外国人が日本に入国する際、通常、自国政府が発行する旅券を所持し、日本の在外公館で査証（ビザ）を発行してもらい、上陸にあたっては検疫等の審査を受け、入国後も法務大臣による在留管理を受ける必要があります。これらに対してどういう特権・免除を与えるのかを定めるものです。

●出入国者の総数は通報されるようになったが

行政協定の時代、アメリカは米軍人と軍属その家族を、日本に「入れる権利を有する」とされていました。日本側はこれを「日本政府は、……入国及び出国の許可を与える」と変えるよう求め（「行政協定改訂問題点」）、地位協定ではかろうじて「権利」という言葉がなくなりました。

また、「行政協定改訂問題点」が「合衆国は出入国者数を日本当局に通知する」と求めていることは、当時、日本側は米兵などが日本に何名ほど入国しているのかさえ知らされていなかったことを示しています（行政協定の時代とは占領下ではなく、日本が独立したあとの時期）。現行地位協定で日本側のこの求めが明記されることにはなりませんでしたが、合意議事録によって「両政府間で合意される手続に従つて、入国者及び出国者の数及び種別につき定期的に通報を受ける」とされました。その結果、現在、軍人、軍属、家族それぞれの入国者、出国者の総数が一年ごとに日本政府に通報される仕組みができています（二〇一四年以降、「国際社会における……脅威」を理由に情報の提供がされていないことが二〇二〇年六月一九日、質問主意書への答弁書で明らかになった）。

しかし、変化したのはここまでです。軍人が「旅券及び査証に関する日本国の法令の適用から除外される」のは、行政協定時代からまったく変わりません。軍属、家族が「外国人の登録及び管理に関する日本国の法令の適用から除外される」のも、行政協定の時代と同じです。つまり、軍人は旅券、査証、登録、管理のすべての法令の適用が、軍属、家族は在留、管理の法令の適用が免除されるということです。従って日本側は、どういう名前の米兵や家族が日本にいるのか、どの基地にいるのかさえ、まったく把握できないのです。第五条にもとづき日本の空港や港から出入りすれば通常の外国人と同じ手続きがとられますが、米軍人・軍属は第三条に規定された「施設・区域への出入」の権利を行使して直接に基地に入ってくるのが普通なので、日本側が把握するすべはありません。

その結果、かつては事件・事故を起こした米兵が、いつの間にか通常の異動を理由にして本国に帰国するということもありました。さすがに最近は耳にすることがなくなりましたが、仕組み上は可能です。

なお、地位協定は行政協定と異なり、「身分証明書は、要請があるときは日本国の当局に提示しなければならない」としています。これは、「行政協定改訂問題点」で日本政府が求めたことが、当然のこととはいえ、実現したということです。さらに、行政協定には存在しなかったのに地位協定で規定されたのが6項であり、日本政府が軍人・軍属・家族に「退去命令」を出した時は、アメリカ側は「それらの者を自国の領域内に受け入れ、その他日本国外に送出することにつき責任を負う」とされました。除隊などにより軍人の資格を失ったのに、地位協定上の特権・免除を享受するのは道理がないので、当然の規定でしょう。

●「濃厚接触者」の割り出しもできない

入国管理のなかでも、検疫が適切に実施されるかは、日本国民の健康と命にもかかわる重要問題です。二〇二〇年七月、沖縄の米兵が数百名規模で新型コロナウイルスに感染したことが報じられており、リアルな問題でもあります。

しかし、地位協定の文面を見れば分かるように、検疫問題については何も書かれていません。地位協定があくまで米軍に与える特権を明示したものである以上、明示されない場合は特権はないことを意味しますから、そうであるなら、検疫が実施されるのが当然ということになるのが、法治国家のあり方でしょう。ところが日本政府はそういう立場に立ってきませんでした。第十六条を論じる際に詳しく明らかにしますが、地位協定で明示されない場合、日本国法令は適用されないというのです。

「検疫関係につきましては、地位協定上は先生御指摘のとおり何ら規定はございません。したがいまして、こういう場合には、ただいま御指摘のとおり第十六条の一般的な『法令を尊重』ということがかぶさると思います。ただ、国内法令を尊重する義務があるという規定のしかたは、一般的に日本国法令を適用するという場合とは多少意味が違いまして、国内法令を実体的に守る義務があるということでございまして、われわれ日本人が法令の適用を受け、またそれに違反する場合に罰則を受けるということとはちょっと意味が違う」

（一九七二年九月一二日、衆議院内閣委員会）

もちろん、「国内法令を実体的に守る義務がある」のですから、アメリカ側が自主的に検疫を実施するということになります。コロナ問題では米兵も世界各地で感染していることが指摘されており、軍事作戦の遂行という至上命令のためにも、アメリカ側が検疫を実施しないということはないでしょう。日本より熱心にＰＣＲ検査をしていることも考えられます。

日米合同委員会では、これまで次のようなことが合意されてきました。

一九五二年――検疫はアメリカ側が実施し、それを日本側に申告すること。感染症の場合、アメリカ側は執った措置を日本側に通報すること。

一九六一年―感染症の場合、あらかじめ日本側の検疫所長と協議の上、アメリカ側が措置を執ること。

一九九六年―日本の検疫所長はアメリカ側の検疫官の氏名、階級、所属について通報を受けること。

二〇一三年―アメリカ側が通報すべき感染症の種類としてエボラ、コレラ、結核など六三種を指定。

二〇一五年にマーズ、翌一六年にジカウイルスが六三種にプラスされました。現時点(二〇年八月)において新型コロナを指定するための合意はされていません。しかし前記の六三種には「指定感染症」が含まれていますので、指定された二〇年一月二八日をもって、新型コロナもその対象となっています。

いずれにせよ、新型コロナを含めアメリカ側から通報を受けることが決まっていても、日本側には検疫を実施する権限はありません。日本人なら濃厚接触者を割り出して、感染の広がりを抑えることが可能なのに、相手が米兵だとそれもできません。米兵の誰が感染しているのかまでは知らされないので、基地内では隔離されている米兵が心を癒やすために基地外の居酒屋に飲みに来たとしても、対策をとりようがないのが現実です。

なお、ここで論じたのは「人」の検疫のみです。「動物」の検疫についても五二年以来、アメリカ側が実施するとされてきました。九六年の合意では、はじめて「植物」の検疫も行うことが合意されました。

ドイツ補足協定は、人、動物、植物の伝染病の予防と駆除に関して、原則としてドイツ法の規定を適用することを明確にしています（第五十四条）。日本でもそのような合意がされるべきだと思います。

一字一句変わらず

地位協定

1　日本国は、合衆国が合衆国軍隊の構成員及び軍属並びにそれらの家族に対して発給した運転許可証若しくは運転免許証又は軍の運転許可証を、運転者試験又は手数料を課さないで、有効なものとして承認する。

2　合衆国軍隊及び軍属用の公用車両は、それを容易に識別させる明確な番号標又は個別の記号を付けていなければならない。

3　合衆国軍隊の構成員及び軍属並びにそれらの家族の私有車両は、日本国民に適用される条件と同一の条件で取得する日本国の登録番号標を付けていなければならない。

行政協定

1　日本国は、合衆国が合衆国軍隊の構成員及び軍属並びにそれらの家族に対して発給した運転許可証若しくは運転免許証又は軍の運転許可証を、運転者試験又は手数料を課さないで、有効なものとして承認するものとする。

2　合衆国軍隊及び軍属の公用車両は、それを容易に識別させる明確な番号標又は個別の記号を付けていなければならない。

3　合衆国軍隊の構成員及び軍属並びにそれらの家族の私有車両は、日本国民に適用される条件と同一の条件で取得する日本国の登録番号標を付けていなければならない。

読めば分かる通り、米軍人と軍属、家族が運転する車両の免許と識別を扱った条項です。公用車と私用車の双方が対象です。行政協定時代とまったく変化はありません（1項の最後が「承認するものとする」から「承認する」に、2項の「合衆国軍隊及び軍属」が「合衆国軍隊及び軍属用」に変わったのみ。英文は一字一句変わっていないので、なぜ日本文だけ変えたのか意味不明）。「行政協定改訂問題点」でも変更を求めていないので、日本側としては問題がないと判断したのでしょう。しかし、そう単純ではありません。

まず2項、3項について言うと、公用車両は明確に識別可能な「番号標か記号」を付けること、私用車両は「日本国」の登録番号標を付けることが、それぞれ義務づけられています。私用車両の番号標は日本側が発行するので（よく「Yナンバー」と呼ばれるアルファベット入りのもの）、とくに問題になったことはありません。

一方、公用車両のほうはアメリカ側が付けるとされているため、かつては事故を起こしても識別が難しいという問題がありました。そこで米軍駐留開始から四四年も経《た》った一九九六年、日米合同委員会でようやく合意がされ、基地の外では車体の前方と後方に番号標を付けること、その大きさは横三〇・五センチ、縦一五・五センチより小さくないものとし、白の背景に黒、青、赤で識別番号を付けること、夜間に識別できるよう後方部に灯《あか》りを付けることが決まりました。

1項は、アメリカで運転免許を持っているものが、「運転者試験又は手数料を課さないで」、日本でも車両を運転することができるという規定です。国際免許の実例もありますから、一見、常識的なことのように思えますが、アメリカ人が日本の交通標識をどうやって覚えるのかと考えてみるだけで、不安を感じる人も出てくるでしょう。

ドイツの場合も、補足協定を見ると、軍隊派遣国の免許は有効とされているようです（第九条1、2項）。一方で、公務外で運転中に事件、事故を起こし、ドイツ側が裁判を行う場合、「運転免許の取消に関するドイツ刑法の規定が適用」（第九条6（b））されます。そうでない場合も、ドイツ側の要請にもとづき、アメリカ側の判断で免許を取り消す場合があることも規定されています（同（a））。

日本の場合、私有車両を米兵などが運転して重大な事故を起こしても、日本側が免許を発行しているわけではないので、そもそも免許の取消ということ自体が問題にもならないのです。事故を起こした場合の補償問題は別の箇所（第十八条）で論じます。

なお、次の第十一条から十五条までは、地位協定の本文自体が非常に長文であり、かつ一般人にはとっつきにくい、関税など経済面での特権・免除を扱っています。何万人もの軍人、軍属、家族の暮らしにかかわる特権・免除の規定であり、お互いの経済面での具体的な利益にもかかわるので、細かいところまで規定が及んでいるのです。これまでの条項でも、とくに協定の全文に目を通す必要はないと述べてきましたが、それでも律儀に読まれた方もいるでしょう。しかし、以下の条項に関しては、まず解説に目を通し、協定はあくまで資料として扱ってくださるのでかまいません。

第11条　関税と税関検査

包括的な免除を付与

地位協定

1　合衆国軍隊の構成員及び軍属並びにそれらの家族は、この協定中に規定がある場合を除くほか、日本国の税関当局が執行する法令に服さなければならない。

2　合衆国軍隊、合衆国軍隊の公認調達機関又は第十五条に定める諸機関が合衆国軍隊の公用のため又は合衆国軍隊の構成員及び軍属並びにそれらの家族の使用のため輸入するすべての資材、需品及び備品並びに合衆国軍隊が専用すべき資材、需品及び備品又は合衆国軍隊が使用する物品若しくは施設に最終的には合体されるべき資材、需品及び備品は、日本国に入れることを許される。この

行政協定

1　この協定中に規定がある場合を除く外、合衆国軍隊の構成員及び軍属並びにそれらの家族は、日本国の税関当局によつて執行される法令に服するものとする。

2　合衆国軍隊、合衆国軍隊の公認調達機関又は第十五条に定める諸機関が合衆国軍隊の公用のため又は合衆国軍隊の構成員及び軍属並びにそれらの家族の使用のため輸入するすべての資材、需品及び備品並びに合衆国軍隊が専用すべき資材、需品及び備品又は合衆国軍隊が使用する物品若しくは施設に最終的には合体されるべき資材、需品及び備品は、日本国に入れることを許される。この

輸入には、関税その他の課徴金を課さない。前記の資材、需品及び備品は、合衆国軍隊、合衆国軍隊の公認調達機関又は第十五条に定める諸機関が輸入するものである旨の適当な証明書（合衆国軍隊が専用すべき資材、需品及び備品又は合衆国軍隊が使用する物品若しくは施設に最終的には合体されるべき資材、需品及び備品にあつては、合衆国軍隊が前記の目的のために受領すべき旨の適当な証明書）を必要とする。

3　合衆国軍隊の構成員及び軍属並びにそれらの家族に仕向けられ、かつ、これらの者の私用に供される財産には、関税その他の課徴金を課する。ただし、次のものについては、関税その他の課徴金を課さない。

（a）合衆国軍隊の構成員若しくは軍属が日本国で勤務するため最初に到着した時に輸入し、又はそれらの家族が当該合衆国軍隊の構成員若しくは軍属と同居するため最初に到着した時に輸入する

輸入には、関税その他の課徴金を課さない。前記の資材、需品及び備品は、合衆国軍隊、合衆国軍隊の公認調達機関又は第十五条に定める諸機関が輸入するものである旨の適当な証明書（合衆国軍隊が専用すべき資材、需品及び備品又は前記の軍隊が使用する物品若しくは施設に最終的には合体されるべき資材、需品及び備品にあつては、合衆国軍隊が前記の目的のために受領すべき旨の適当な証明書）を必要とする。

3　合衆国軍隊の構成員及び軍属並びにそれらの家族に仕向けられ、且つ、これらの者の私用に供せられる財産には、関税その他の課徴金を課する。但し、次のものについては、関税その他の課徴金を課さない。

（a）合衆国軍隊の構成員若しくは軍属が日本国で勤務するため最初に到着した時に輸入し、又はそれらの家族が当該合衆国軍隊の構成員若しくは軍属と同居するため最初に到着した時に輸入する

これらの者の私用のための家具及び家庭用品並びにこれらの者が入国の際持ち込む私用のための身回品

（b） 合衆国軍隊の構成員又は軍属が自己又はその家族の私用のため輸入する車両及び部品

（c） 合衆国軍隊の構成員及び軍属並びにそれらの家族の私用のため合衆国において通常日常用として購入される種類の合理的な数量の衣類及び家庭用品で、合衆国軍事郵便局を通じて日本国に郵送されるもの

4 2及び3で与える免除は、物の輸入の場合のみに適用するものとし、関税及び内国消費税がすでに徴収された物を購入する場合に、当該物の輸入の際税関当局が徴収したその関税及び内国消費税を払いもどすものと解してはならない。

5 税関検査は、次のものの場合には行なわないものとする。

（a） 命令により日本国に入国し、又は日本国か

これらの者の私用のための家具及び家庭用品並びにこれらの者が入国の際携行する私用のための携帯品

（b） 合衆国軍隊の構成員又は軍属が自己又はその家族の私用のため輸入する車両及び部品

（c） 合衆国軍隊の構成員及び軍属並びにそれらの家族の私用のため合衆国において通常日常用として購入されるような種類の相当量の衣類及び家庭用品で、合衆国軍事郵便局を通じて日本国に郵送されるもの

4 2及び3で与える免除は、物品の輸入の場合のみに適用するものとし、輸入の際税関当局が徴収する関税及び内国消費税が既に徴収された物品を購入する場合にその関税及び内国消費税を払いもどすものと解してはならない。

5 税関検査は、次の場合には行わないものとする。

（a） 命令により日本国に入国し、又は日本国か

ら出国する合衆国軍隊の部隊
（b）公用の封印がある公文書及び合衆国軍事郵便路線上にある公用郵便物
（c）合衆国政府の船荷証券により船積みされる軍事貨物
6　関税の免除を受けて日本国に輸入された物は、日本国及び合衆国の当局が相互間で合意する条件に従つて処分を認める場合を除くほか、関税の免除を受けて当該物を輸入する権利を有しない者に対して日本国内で処分してはならない。
7　2及び3の規定に基づき関税その他の課徴金の免除を受けて日本国に輸入された物は、関税その他の課徴金の免除を受けて再輸出することができる。
8　合衆国軍隊は、日本国の当局と協力して、この条の規定に従つて合衆国軍隊、合衆国軍隊の構成員及び軍属並びにそれらの家族に与えられる特権の濫用を防止するため必要な措置を執らなければ

ら出国する合衆国軍隊の部隊又は合衆国軍隊の構成員
（b）公用の封印がある公文書
（c）合衆国軍事郵便線路上にある郵便物及び合衆国政府の船荷証券により船積される軍事貨物
6　日本国及び合衆国の当局が相互に合意する条件に従つて処分を認める場合を除く外、関税の免除を受けて日本国に輸入された物品は、関税の免除を受けて当該物品を輸入する権利を有しない者に対して日本国内で処分してはならない。
7　2及び3に基いて関税その他の課徴金の免除を受けて日本国に輸入された物品は、関税その他の課徴金の免除を受けて再輸出することができる。
8　合衆国軍隊は、日本国の当局と協力して、本条に従つて合衆国軍隊、合衆国軍隊の構成員及び軍属並びにそれらの家族に与えられる特権の濫用を防止するため必要な措置を執らなければならな

ばならない。

9（a）日本国の当局及び合衆国軍隊は、日本国政府の税関当局が執行する法令に違反する行為を防止するため、調査の実施及び証拠の収集について相互に援助しなければならない。
（b）合衆国軍隊は、日本国政府の税関当局によつて又はこれに代わつて行なわれる差押えを受けるべき物件がその税関当局に引き渡されることを確保するため、可能なすべての援助を与えなければならない。
（c）合衆国軍隊は、合衆国軍隊の構成員若しくは軍属又はそれらの家族が納付すべき関税、租税及び罰金の納付を確保するため、可能なすべての援助を与えなければならない。
（d）合衆国軍隊に属する車両及び物件で、日本国政府の関税又は財務に関する法令に違反する行為に関連して日本国政府の税関当局が差し押えたものは、関係部隊の当局に引き渡さなければなら

い。

9（a）日本国政府の税関当局により執行される法令に対する違反行為を防止するため、日本国の当局及び合衆国軍隊は、調査の実施及び証拠の収集について相互に援助しなければならない。
（b）合衆国軍隊は、日本国政府の税関当局によつて行われ、又は税関当局に代つて行われる差押を受けるべき物件が税関当局に引き渡されることを確保するため、可能なすべての援助を与えなければならない。
（c）合衆国軍隊は、合衆国軍隊の構成員若しくは軍属又はそれらの家族が納付すべき関税、租税及び罰金の納付を確保するため、可能なすべての援助を与えなければならない。
（d）日本国政府の関税又は財政に関する法令に対する違反行為に関連して日本国政府の税関当局が差し押えた合衆国軍隊に属する車両及び物件は、関係部隊の当局に引き渡さなければならない。

ない。

〈行政協定改訂問題点〉
25、「軍隊の公認調達機関」を削除する（2項）。
26、「合衆国軍隊が専用すべき資材、需品及び備品又は合衆国軍隊が使用する物品若しくは施設に最終的には合体されるべき資材、需品及び備品」を削除する（2項）。
27、（イ）合衆国以外からの輸入品及び（ロ）軍事郵便局を通じて輸入される私用財産については関税の免除を与えず（3項）。
28、（イ）軍事郵便路線上の郵便物、（ロ）武器弾薬その他の装備品を除く米政府船荷証券により船積される軍事貨物、につき税関検査の免除を与えず（5項）。
29、構成員は税関検査に服する（5項）。
30、日本政府の要求ある場合は施設・区域内に税関職員の駐在を認める（5項）。
31、免税品の国内処分は、両国の合意する条件ではなく、日本当局の課する条件による（6項）。

本条項は、米軍および米兵、軍属、家族が輸入する物品に対して、どんな場合であれば関税その他の課徴金を課さないかを定めています。それにともない、税関検査が実施されない場合もあります。

●「関税法等特例法」による税の免除

本条項を実施するため、「関税法等特例法」がつくられました。それによると、以下の物品について関税を免除するとされています。これらについては、内国消費税（消費税、酒税、たばこ税、揮発油税、地方揮発油税、石油ガス税、石油石炭税）も免除されます。

（a）米軍官憲の証明を受けた公用品

（b）「軍人用販売機関等」が軍人・軍属・家族に販売する目的で輸入するもので米軍官憲の証明を受けたもの

（c）一般輸入業者が在日米軍用に輸入するもので米軍官憲の証明を受けたもの

（d）軍人・軍属・家族、米軍との契約者の引っ越し荷物・携帯品

（e）軍人・軍属・家族の私用のために輸入される自動車及び部品

（f）在日米軍郵便局を通じて輸入される衣料・家庭用品（これを一般に販売する場合は制限あり）

米兵等が私用で輸入する物品は、自動車とその部品を除き、関税が課されることが分かりま

す。しかし、「軍人用販売機関」が米兵に販売するために輸入すれば関税は課されないのですから、事実上は無制限だということです。「行政協定改訂問題点」で日本側は、アメリカ以外の国からの輸入、私用品の輸入には関税を課そうと試みましたが、それには失敗しました。

●「関税法等特例法」による税関検査の免除

同じく「関税法等特例法」は、次の場合の税関検査を免除しています。

（a）米軍の命令により日本に出入国する部隊の携行品
（b）米軍の公用の封印がある公文書
（c）米国政府の船荷証券により船積みされている米軍に仕向けられた軍事貨物
（d）米国軍事郵便線路上にある公用郵便物

税関検査とは、輸出入の禁制品が含まれていないかなどを検査し、取り締まりをするためのものです。銃器や麻薬などが日本に入ってくることを防ぐために不可欠であり、だからこそ「行政協定改訂問題点」で政府は、「日本政府の要求ある場合は施設・区域内に税関職員の駐在を認める」ことを求めたのです。しかし、この要求もはねつけられました。合意議事録によって、関税法規に違反するような物品が持ち込まれた場合、米側が日本の税関当局に自主的に通報するとしただけです。

「行政協定改訂問題点」の求めが認められたのは、行政協定では税関検査をしない対象として「合衆国軍隊の部隊又は合衆国軍隊の構成員」とされていたのが、地位協定では「合衆国軍隊の部隊」として、「構成員」（つまり軍人）が検査免除の対象から外れ、軍そのものが扱う物資だけを特例としたことです。しかし、軍人は一般に、日本の港や空港ではなく、基地に直接出入りしますから、実際に検査の対象となることはないでしょう。また、「行政協定改訂問題点」は、「（イ）軍事郵便路線上の郵便物、（ロ）武器弾薬その他の装備品を除く米政府船荷証券により船積される軍事貨物」には税関検査を免除しないと求めましたが、認められたのは前者のみでした。このように、米軍の軍事機能を阻害しないような場合、日本側の要求が少しは認められることがありました。

自由に、税を課されずに

地位協定

1　合衆国は、この協定の目的のため又はこの協定で認められるところにより日本国で供給されるべき需品又は行なわれるべき工事のため、供給者又は工事を行なう者の選択に関して制限を受けないで契約することができる。そのような需品又は工事は、また、両政府の当局間で合意されるときは、日本国政府を通じて調達することができる。

2　現地で供給される合衆国軍隊の維持のため必要な資材、需品、備品、及び役務でその調達が日本国の経済に不利な影響を及ぼすおそれがあるものは、日本国の権限のある当局との調整の下に、また、望ましいときは日本国の権限のある当局を

行政協定

1　合衆国は、この協定の目的のため又はこの協定で認められるところにより日本国で供給されるべき需品又は行われるべき工事のため、供給者又は工事を行う者の選択に関して制限を受けないで契約する権利を有する。

2　現地で供給される合衆国軍隊の維持のため必要な資材、需品、備品及び役務でその調達が日本国の経済に不利な影響を及ぼす虞があるものは、日本国の権限のある当局との調整の下に、また、望ましいときは、日本国の権限のある当局を通じ

通じて又はその援助を得て、調達しなければならない。

3 合衆国軍隊又は合衆国軍隊の公認調達機関が適当な証明書を附して日本国で公用のため調達する資材、需品、備品及び役務は、日本の次の租税を免除される。

(a) 物品税

(b) 通行税

(c) 揮発油税

(d) 電気ガス税

最終的には合衆国軍隊が使用するため調達される資材、需品、備品及び役務は、合衆国軍隊の適当な証明書があれば、物品税及び揮発油税を免除される。両政府は、この条に明示していない日本の現在の又は将来の租税で、合衆国軍隊によつて調達され、又は最終的には合衆国軍隊が使用するため調達される資材、需品、備品及び役務の購入価格の重要なかつ容易に判別することができる部

て又はその援助を得て調達しなければならない。

3 合衆国軍隊又は合衆国軍隊の公認調達機関が適当な証明書によつて日本国で公用のため調達する資材、需品、備品及び役務は、日本国の次の租税を免除される。

(a) 物品税

(b) 通行税

(c) 揮発油税

(d) 電気ガス税

最終的には合衆国軍隊が使用するため調達される資材、需品、備品及び役務は、合衆国軍隊の適当な証明書によつて、物品税及び揮発油税を免除される。本条に特に掲げない日本国の現行の又は将来の租税で、合衆国軍隊によつて調達され、又は最終的には合衆国軍隊が使用するため調達される資材、需品、備品及び役務の購入価格の相当な且つ容易に判別することができる部分をなすと認

分をなすと認められるものに関しては、この条の目的に合致する免税又は税の軽減を認めるための手続について合意するものとする。
4　現地の労務に対する合衆国軍隊及び第十五条に定める諸機関の需要は、日本国の当局の援助を得て充足される。
5　所得税、地方住民税及び社会保障のための納付金を源泉徴収して納付するための義務並びに、相互間で別段の合意をする場合を除くほか、賃金及び諸手当に関する条件その他の雇用及び労働の条件、労働者の保護のための条件並びに労働関係に関する労働者の権利は、日本国の法令で定めるところによらなければならない。
6　合衆国軍隊又は、適当な場合には、第十五条に定める機関により労働者が解職され、かつ、雇用契約が終了していない旨の日本国の裁判所又は労働委員会の決定が最終的のものとなつた場合には、次の手続が適用される。

められるものに関しては、両政府は、本条の目的に合致する免除又は救済を与えるための手続について合意するものとする。
4　合衆国軍隊又は軍属の現地の労務に対する需要は、日本国の当局の援助を得て充足される。
5　所得税及び社会保障のための納付金の源泉徴収及び納付の義務並びに、別に相互に合意される場合を除く外、賃金及び諸手当に関する条件のような雇用及び労働の条件、労働者の保護のための条件並びに労働関係に関する労働者の権利は、日本国の法令で定めるところによらなければならない。

(a) 日本国政府は、合衆国軍隊又は前記の機関に対し、裁判所又は労働委員会の決定を通報する。

(b) 合衆国軍隊又は前記の機関が当該労働者を就労させることを希望しないときは、合衆国軍隊又は前記の機関は、日本国政府から裁判所又は労働委員会の決定について通報を受けた後七日以内に、その旨を日本国政府に通告しなければならず、暫定的にその労働者を就労させないことができる。

(c) 前記の通告が行なわれたときは、日本国政府及び合衆国軍隊又は前記の機関は、事件の実際的な解決方法を見出すため遅滞なく協議しなければならない。

(d) (c) の規定に基づく協議の開始の日から三十日の期間内にそのような解決に到達しなかったときは、当該労働者は、就労することができない。このような場合には、合衆国政府は、日本国政府に対し、両政府間で合意される期間の当該労働者の雇用の費用に等しい額を支払わなければならない。
7　軍属は、雇用の条件に関して日本国の法令に服さない。
8　合衆国軍隊の構成員及び軍属並びにそれらの家族は、日本国における物品及び役務の個人的購入について日本国の法令に基づいて課される租税又は類似の公課の免除をこの条の規定を理由として享有することはない。
9　3に掲げる租税の免除を受けて日本国で購入した物は、日本国及び合衆国の当局が相互間で合意する条件に従つて処分を認める場合を除くほか、当該租税の免除を受けて当該物を購入する権利を有しない者に対して日本国内で処分してはならない。

6　軍属は、雇用の条件に関して日本国の法令に服さない。
7　合衆国軍隊の構成員及び軍属並びにそれらの家族は、日本国における物品及び役務の個人的購入に関して日本国の法令に基いて課せられる租税その他類似の公課の免除を本条により享有することはない。
8　日本国及び合衆国の当局が相互に合意する条件に従つて処分を認める場合を除く外、3に掲げる租税の免除を受けて日本国で購入した物品は、当該租税の免除を受けて当該物品を購入する権利を有しない者に対して日本国内で処分してはならない。

〈行政協定改訂問題点〉
32、調達は原則としてすべて日本政府当局を通じて又は日本政府当局との調整の下に行われることとすべし（1項、4項）。
33、"social welfare"又は"local Japanese economy"の如き字句を加えて本項の適用範囲を拡大する（2項）。
34、合衆国は、日本の裁判所の裁判手続、労働委員会における調査、審問に協力して証人、証拠を提供する（5項）。
35、合衆国は日本裁判所の判決、労働委員会の決定を日本政府が実施し得る様協力する（5項）。
36、労働者の請求権の友好的解決に資するために、既に設置されている如き調停委員会を常設する（5項）。
37、「地方住民税」を追加する。
（＊以下、十一条と重複―引用者）
31、免税品の国内処分は、両国の合意する条件ではなく、日本当局の課する条件による（8項）。

本条項は、米軍による日本国内での物品調達のあり方、その際の国税の免除、米軍とその機関が必要とする日本人従業員の雇用（労務の調達）について定めています。

●念入りに「将来の租税」も免除する

1項は、米軍が日本国内で物品・役務を「制限を受けないで」調達できることを規定しています。自由調達を原則にしています。あるいは日本国政府を通じても調達できることを定めています。

2項は、その種の調達が「日本国の経済に不利な影響を及ぼすおそれがある」場合、日本と調整すべきことを規定しています。米軍が大量に調達することにより、日本国内で物資不足などが起きてはいけませんから、必要な規定でしょう。ただし、「行政協定改訂問題点」が、不利な影響を及ぼす対象として社会福祉（social welfare）や地方経済（local Japanese economy）を加えようとした試みは成功しませんでした。なお日米合意議事録では、「日本国及び合衆国の経済関係の法令及び商慣習の相違から生ずる調達契約に関する紛議の満足すべき解決につき研究する」とされており、今後、解決が必要な問題が生じるかもしれません。

3項は、米軍が物品・役務を調達するにあたり、国税（物品税、通行税、揮発油税）と地方税（電気ガス税）を免除することが定められています。びっくりするのは、日本の税制が変化することを見越して、「将来の租税」についても「免税又は税の軽減を認める」としていることです。

実際、一九八九年に消費税が導入された際、物品税、通行税、電気ガス税は廃止され、消費税に吸収されました。「将来の租税」に関する規定があったため、消費税も地位協定を変更せずに免税の対象になったというわけです。

●労働者を米軍の意向で解雇する規定の導入

4項は、米軍と米軍が公認する諸機関が必要とする日本人従業員（労務）の調達に関する規定です。「日本国の当局の援助を得て充足される」としているように、米軍が直接に雇用するのではなく、日本政府が雇用して米軍に提供することが定められています。なお、ここで、従業員を必要とする者として、米軍だけでなく「第十五条に定める諸機関」をあげていますが、その十五条を見ると、「海軍販売所、ピー・エックス、食堂、社交クラブ、劇場、新聞その他の歳出外資金による諸機関」とされています。ピー・エックス（PX）とは米軍の用語で、軍隊内で飲食物、日用品などを売る店のことを指します。

現在、そのような日本人従業員は、合計で二万六〇〇〇名程度です。日本が雇用し、使用者は米軍という特殊な雇用形態です。「日本国の当局の援助を得て充足される」という規定は、行政協定当時と同じですが、内実には大きな変化があります。当初、その給与は米軍が支払っていましたが、現在は日本側が負担しているからです（この問題は第二十四条で詳しく解説します）。

5項は、日本人従業員の義務と権利は、「日本国の法令で定めるところ」によるとされています。これは行政協定の規定と同じであり、日本の労働法令が適用されることを意味しています。一方、6項は解雇にあたっての手続きですが、これは行政協定当時は存在せず、新たに規定されたものです。なぜこの規定ができたのか。

行政協定の時代におそらくトラブルが多発したためだと思われますが、「行政協定改訂問題点」で日本側は、アメリカ側が裁判所や労働委員会の調査に協力すること、またその決定を実施できるよう協力することを求めました。しかし、合意された地位協定は、アメリカ側がそれらに協力すべきことを定めなかったどころか、裁判所や労働委員会が解雇を認めなかった場合も、米軍が「当該労働者を就労させることを希望しないときは……、暫定的にその労働者を就労させないことができる」のです。さらに、その問題を解決するために日米が協議することを定めていますが、「解決に到達しなかつたときは、当該労働者は、就労することができない」としています。外務省はこれを、「いわゆる保安解雇（施設・区域内の軍紀の維持の攪乱《かくらん》を含む安全上の理由による解雇）」（「地位協定の考え方」）と呼んでいます。米軍にとって都合の悪い従業員を自由に解雇できる制度と言うことができます。

二〇〇七年、日本政府が基地従業員の給与の削減を打ち出したことから、労働組合が一六年ぶりに全国ストライキを実施して話題になりました。アメリカが日本に対して駐留経費負担の増額を求める度に、日本側の予算が圧迫され、しわ寄せが基地従業員に向かう構造があります。これに対して基地従業員が闘うのは当然のことですが、一方では、地位協定のこの規定が実際に問題になっていく状況が生まれて来るのかもしれません。

広範囲に免除した上に

地位協定

1　合衆国軍隊は、合衆国軍隊が日本国において保有し、使用し、又は移転する財産について租税又は類似の公課を課されない。

2　合衆国軍隊の構成員及び軍属並びにそれらの家族は、これらの者が合衆国軍隊に勤務し、又は合衆国軍隊若しくは第十五条に定める諸機関に雇用された結果受ける所得について、日本国政府又は日本国にあるその他の課税権者に日本の租税を納付する義務を負わない。この条の規定は、これらの者に対し、日本国の源泉から生ずる所得についての日本の租税の納付を免除するものではなく、また、合衆国の所得税のために日本国に居所を有

行政協定

1　合衆国軍隊は、合衆国軍隊が日本国において所有し、使用し、又は移転する財産について租税その他類似の公課を課せられない。

2　合衆国軍隊の構成員及び軍属並びにそれらの家族は、これらの者の合衆国軍隊における勤務又は合衆国軍隊若しくは第十五条に定める諸機関による雇用の結果として受ける所得について、日本国政府又は日本国にあるその他の徴税機関に対して日本国の租税を納付する義務を負わない。本条の規定は、前記の個人に対し、日本国の源泉から発生する所得についての日本国の租税の納付を免除するものではなく、また、合衆国の所得税に関

することを申し立てる合衆国市民に対し、所得についての日本の租税の納付を免除するものではない。これらの者が合衆国軍隊の構成員若しくは軍属又はそれらの家族であるという理由のみによつて日本国にある期間は、日本の租税の賦課上、日本国に居所又は住所を有する期間とは認めない。

3　合衆国軍隊の構成員及び軍属並びにそれらの家族は、これらの者が一時的に日本国にあることのみに基づいて日本国に所在する有体又は無体の動産の保有、使用、これらの者相互間の移転又は死亡による移転についての日本国における租税を免除される。ただし、この免除は、投資若しくは事業を行なうため日本国において保有される財産又は日本国において登録された無体財産権には適用しない。この条の規定は、私有車両による道路の使用について納付すべき租税の免除を与える義務を定めるものではない。

し日本国に居所を有することを援用する合衆国市民に対し、所得についての日本国の租税の納付を免除するものではない。前記の者が合衆国軍隊の構成員若しくは軍属又はそれらの家族であるという理由のみによつて日本国にある期間は、日本国の税法の適用上、日本国に居所又は住所を有する期間とは認めない。

3　合衆国軍隊の構成員及び軍属並びにそれらの家族は、これらの者が一時的に日本国にあるという理由のみによつて日本国に所在する有体又は無体の動産の所有、使用、これらの者相互間の移転又は死亡による移転について、日本国における課税を免除される。但し、この免除は、投資のため若しくは事業を行うため日本国において所有される財産又は日本国において登録された無体財産権には適用しない。本条の規定は、私有車両による道路の使用に関して納付すべき租税の免除を与える義務を定めるものではない。

〈行政協定改訂問題点〉
38、「家族」を削除する（2項）。
39、「有体又は無体の」を削除する（3項）。

米軍が物品を調達する際の消費税等の免除は、既述のように第十二条で定められています。第十三条はそれに加えて、その他の税金の包括的な免除を定めるものです。

●数多くの国税、地方税を免除

1項は、米軍（個々の軍人や家族でなく）が所有、使用、移転する財産には「租税又は類似の公課を課されない」ことを規定しています。2項は、軍人、軍属、家族が米軍に雇用される結果として受ける所得について、「日本の租税を納付する義務を負わない」という規定です。3項は、同じく軍人、軍属、家族が一時的に日本にいることによって生じる動産に関して免税されるというものです。日本政府は「行政協定改訂問題点」で、2項で所得税を課税されない対象から「家族」を外すことを求めましたが、認められませんでした。

これらの規定にもとづき、「所得税法等の臨時特例法」、「地方税法等の臨時特例法」がつくられました。そこで免税が決められている租税は以下の通りです。

・国税＝所得税、法人税、相続税、贈与税、消費税、印紙税、国際観光旅客税、揮発油税、地方揮発油税、石油ガス税、石油石炭税

・都道府県税＝事業税、不動産取得税、ゴルフ場利用税、自動車税、都道府県民税、都道府県法定外目的税及び普通税、軽油引取税

・市町村税＝軽自動車税、市町村民税、固定資産税、都市計画税、特別土地保有税、市町村法定外目的税及び普通税、事業所税

ただし、これらすべてが免税される対象は、1項にある米軍（個々の軍人や軍属、家族でなく）だけです。軍人、軍属、家族が免税されるのは、2項にある所得に関する税、3項にある「有体又は無体の動産」（有体の動産とはまさに「物」であり、無体の動産とは「債権」や「知的財産権」などを指す）の所有、使用などに関する税金のみです。

●協定の文面をこじつけて自動車税、軽自動車税まで免除

ところで、3項では、わざわざ「私有車両による道路の使用について納付すべき租税の免除

を与える義務を定めるものではない」と明記しています。原則として租税の免除を認めつつ、自動車税等はその範囲から除外しようとしたのです。この文面から見れば、米兵等に対して私用車両の自動車税、軽自動車税は当然のこととして課されると思うでしょう。ところが、行政協定の時代から、日米合同委員会の合意により、この二つの税金は大幅に減額されてきました。現在、一九九九年の日米合同委員会により、米兵等が収めるべき税額は以下のようになっており、日本人が収めている税額とは大幅に異なります。なお、日本人の税額は排気量により異なりますので、最低額を示しておきます。

(車種)	(米兵等)	(日本人)
・乗用車3ナンバー(四五〇〇cc以上)	二万二〇〇〇円	八万七〇〇〇円以上
・乗用車3ナンバー(四五〇〇cc未満)	一万九〇〇〇円	四万三五〇〇円以上
・乗用車5ナンバー等	七五〇〇円	二万五〇〇〇円以上
・軽自動車	三〇〇〇円	一万八〇〇〇円(4ナンバーは五〇〇〇円)

地位協定が明文で「租税の免除を与える義務を定めるものではない」としているのに、なぜ減額されるのか。政府が一貫して根拠にしてきたのは、自動車税には道路使用に関する税金と

いう側面と、財産に関する税金という二つの側面があり、後者に関する税金は3項で免除されるので、その分を減額するということでした。例えば、国会での質問主意書に対する政府答弁は、以下のようになっています（二〇〇〇年一〇月一七日）。

「自動車税及び軽自動車税は、財産税と道路損傷負担金の性格を併せ持つものと解されており、このうち道路損傷負担金に相当する部分が右にいう『道路の使用について納付すべき租税』に該当するものとして、米軍構成員等の私有車両に対して課税されることとなるところ、地方税法（昭和二十五年法律第二百二十六号）に定められた標準税率のうち『道路の使用について納付すべき租税』に相当する部分を明確にするため、合同委員会における協議により具体的な税率（以下「合意税率」という。）を定めているものである。……日米地位協定第十三条第三項又は第十四条第六項の規定に照らして、米軍構成員等が保有する私有車両の自動車税及び軽自動車税については、財産税に相当する部分が免除されることとなる」

これを合理的だと解釈するか、こじつけだと感じるかは、立場によって異なるでしょう。しかし、自動車税の負担の重さは日本国民を悩ませており、格差を解消する場合は、日本人の負担を減らす方向で行われるべきです。

●ＮＨＫ受信料まで「租税」と勝手に解釈して納付せず

その他、米軍と米兵等が課税を免除されていることによる問題は数多くあります。とりわけ米軍基地が集中している沖縄、神奈川などでは、国が所有する土地、アメリカが建設した建物等に関して、固定資産税、都市計画税などが入ってこないという問題があります。自治体の不満を抑えるため、基地交付金や調整交付金などの制度がつくられましたが、予算的に十分でない上に、基地政策の道具に使われているという批判もあります。

なお、たびたび問題になることですが、米軍と米兵等が、ＮＨＫ受信料を支払っていない問題も指摘しておきましょう。地位協定が免除しているのは、あくまで税金であって、ＮＨＫ受信料が含まれないことは自明です。ところがアメリカ側は、受信料は租税の一種だと勝手にみなし、支払い義務がないという立場をとってきました。日本政府もＮＨＫも、米軍と米兵等には受信料支払い義務があるという立場であり、日米合同委員会で協議していると説明しています。しかし、合意が得られない状況が継続しており（アメリカに放送受信料という概念がないことも関係しているようです）、結果として徴収できないまま何十年も経過しているのです。

地位協定の解釈で合意が得られない場合、事実上、アメリカ側の言い分が通るという状況は、主権国家として黙認していいことではありません。ＮＨＫも、受信料を支払わない日本人に対しては訴訟を起こしているのに、米軍と米兵等の未払いは黙認しているように見えます。

地上デジタル放送に切り替わって以降、契約していない受信機には契約を促すメッセージが映り、正常な視聴ができなくなっています。ＮＨＫに問い合わせしたところ、「日本国で市販されているテレビでＮＨＫ衛星放送を受信した場合、基地内でも同様の（受信契約をお願いする）メッセージが表示されると考えています」との回答がありました。一方、それなら基地内で正常に受信しているテレビがあれば契約されているということであり、契約者の住所等もＮＨＫは把握しているはずですが、それを問うと、「在日米軍基地内の受信契約は存在していないため、基地内の方の住所等をＮＨＫでは把握していません」と述べるのです。その説明通りとするならば、基地内の視聴者は全員がメッセージが表示された状態のままで受信しているか、正常に受信しているとすれば契約をしないまま（違法なやり方で）受信しているか、どちらかということになります。政府もＮＨＫも、日本国民と異なる待遇をしている現状に対して、もっと厳格に対応すべきでしょう。

全条削除を求めたが叶わず

地位協定

1　通常合衆国に居住する人（合衆国の法律に基づいて組織された法人を含む。）及びその被用者で、合衆国軍隊のための合衆国との契約の履行のみを目的として日本国にあり、かつ、合衆国政府が2の規定に従い指定するものは、この条に規定がある場合を除くほか、日本国の法令に服さなければならない。

2　1にいう指定は、日本国政府との協議の上で行なわれるものとし、かつ、安全上の考慮、関係業者の技術上の適格要件、合衆国の標準に合致する資材若しくは役務の欠如又は合衆国の法令上の制限のため競争入札を実施することができない場

行政協定

1　通常合衆国に居住する人（合衆国の法律に基いて組織された法人を含む。）及びその被用者で合衆国軍隊のための合衆国との契約の履行のみを目的として日本国にあるものは、本条に規定がある場合を除く外、日本国の法令に服さなければならない。

合に限り行なわれるものとする。

前記の指定は、次のいずれかの場合には、合衆国政府が取り消すものとする。

（a）合衆国軍隊のための合衆国との契約の履行が終わつたとき。

（b）それらの者が日本国において合衆国軍隊関係の事業活動以外の事業活動に従事していることが立証されたとき。

（c）それらの者が日本国で違法とされる活動を行なつているとき。

3　前記の人及びその被用者は、その身分に関する合衆国の当局の証明があるときは、この協定による次の利益を与えられる。

（a）第五条2に定める出入及び移動の権利

（b）第九条の規定による日本国への入国

（c）合衆国軍隊の構成員及び軍属並びにそれらの家族について第十一条3に定める関税その他の課徴金の免除

2　前記の人及びその被用者は、その身分に関する合衆国の当局の証明があるときは、この協定による次の利益を与えられるものとする。

（a）第五条2に定める出入及び移動の権利

（b）第九条の規定による日本国への入国

（c）合衆国軍隊の構成員及び軍属並びにそれらの家族について第十一条3に定める関税その他の課徴金の免除

(d)合衆国政府により認められたときは、第十五条に定める諸機関の役務を利用する権利
(e)合衆国軍隊の構成員及び軍属並びにそれらの家族について第十九条2に定めるもの
(f)合衆国政府により認められたときは、第二十条に定めるところにより軍票を使用する権利
(g)第二十一条に定める郵便施設の利用
(h)雇用の条件に関する日本国の法令の適用からの除外

4　前記の人及びその被用者は、その身分の者であることが旅券に記載されていなければならず、その到着、出発及び日本国にある間の居所は、合衆国軍隊が日本国の当局に随時に通告しなければならない。

5　前記の人及びその被用者が1に掲げる契約の履行のためにのみ保有し、使用し、又は移転する減価償却資産(家屋を除く。)については、合衆国軍隊の権限のある官憲の証明があるときは、日

(d)合衆国政府により認められたときは、第十五条に定める諸機関の役務を利用する権利
(e)合衆国軍隊の構成員及び軍属並びにそれらの家族について第十九条2に定めるもの
(f)合衆国政府により認められたときは、第二十条に定めるところにより軍票を使用する権利
(g)第二十一条に定める郵便施設の利用
(h)雇用の条件に関する日本国の法令の適用からの除外

3　前記の人及びその被用者は、その身分の者であることが旅券に記載されていなければならず、その到着、出発及び日本国にある間の居所は、合衆国軍隊が日本国の当局に随時に通知しなければならない。

4　前記の人及びその被用者が1に掲げる契約の履行のためにのみ所有し、使用し、又は移転する減価償却資産(家屋を除く。)については、合衆国軍隊の権限のある官憲の証明があるときは、日

本の租税又は類似の公課を課されない。
6　前記の人及びその被用者は、合衆国軍隊の権限のある官憲の証明があるときは、これらの者が一時的に日本国にあることのみに基づいて日本国に所在する有体又は無体の動産の保有、使用、死亡による移転又はこの協定に基づいて租税の免除を受ける権利を有する人若しくは機関への移転についての日本国における租税を免除される。ただし、この免除は、投資のため若しくは他の事業を行なうため日本国において保有される財産又は日本国において登録された無体財産権には適用しない。この条の規定は、私有車両による道路の使用について納付すべき租税の免除を与える義務を定めるものではない。
7　1に掲げる人及びその被用者は、この協定に定めるいずれかの施設又は区域の建設、維持又は運営に関して合衆国政府と合衆国において結んだ契約に基づいて発生する所得について、日本国政

本国の租税その他類似の公課を課せられない。
5　前記の人及びその被用者は、合衆国軍隊の権限のある官憲の証明があるときは、これらの者が一時的に日本国にあるという理由のみによつて日本国に所在する有体又は無体の動産の所有、使用、死亡による移転又はこの協定に基いて租税の免除を受ける権利を有する人若しくは機関への移転について、日本国における課税を免除される。但し、この免除は、投資のため若しくは他の事業を行うため日本国において所有される財産又は日本国において登録された無体財産権には適用しない。本条の規定は、私有車両による道路の使用に関して納付すべき租税の免除を与える義務を定めるものではない。
6　1に掲げる人及びその被用者は、この協定に定めるいずれかの施設又は区域の建設、維持又は運営に関して合衆国政府と合衆国において結んだ契約に基いて発生する所得については、日本国政

府又は日本国にあるその他の課税権者に所得税又は法人税を納付する義務を負わない。この項の規定は、これらの者に対し、日本国の源泉から生ずる所得についての所得税又は法人税の納付を免除するものではなく、また、合衆国の所得税のために日本国に居所を有することを申し立てる前記の人及びその被用者に対し、所得についての日本の租税の納付を免除するものではない。これらの者が合衆国政府との契約の履行に関してのみ日本国にある期間は、前記の租税の賦課上、日本国に居所又は住所を有する期間とは認めない。

8　日本国の当局は、1に掲げる人及びその被用者に対し、日本国において犯す罪で日本国の法令によつて罰することができるものについて裁判権を行使する第一次の権利を有する。日本国の当局が前記の裁判権を行使しないことに決定した場合には、日本国の当局は、できる限りすみやかに合衆国の軍当局にその旨を通告しなければならない。

府又は日本国にあるその他の徴税機関に対して所得税又は法人税を納付する義務を負わない。6の規定は、これらの者に対し、日本国の源泉から発生する所得についての所得税又は法人税の納付を免除するものではなく、また、合衆国の所得税に関し日本国に居所を有することを援用する前記の人及びその被用者に対し、所得についての日本国の租税の納付を免除するものではない。これらの者が合衆国政府との契約の履行に関してのみ日本国にある期間は、前記の課税上、日本国に居所又は住所を有する期間とは認めない。

7　日本国の当局は、本条1に掲げる人及びその被用者に対し、日本国において犯す罪で日本国の法律によつて罰すべきものに関して裁判権を行使する第一次の権利を有する。日本国の当局が前記の裁判権を行使しないことに決定した場合には、日本国の当局は、合衆国の軍当局にできるだけすみやかに通告しなければならない。この通告があ

この通告があつたときは、合衆国の軍当局は、これらの者に対し、合衆国の法令により与えられた裁判権を行使する権利を有する。

つたときは、合衆国の軍当局は、前記の者に対し、合衆国の法律によつて与えられた裁判権を行使する権利を有する。

〈行政協定改訂問題点〉
40、全条削除する。

これは特殊契約者条項と呼ばれるものです。「行政協定改訂問題点」が唯一、強い調子で「全条削除」を求めていることからも明白なように、常識外れの条項です。

第一条の定義で明らかにしたように、地位協定で特権・免除を与えられる軍属の範囲は、NATO軍地位協定では、「締約国の軍隊に随伴する文民であり、締約国の軍隊に雇用されて」る者です。ところが日米地位協定では、米軍基地に「勤務」していればいいので、米軍に雇用されていなくても、米軍の任務遂行に必要だと判断すれば民間請負業者に雇用されている者でも軍属になるのです。こうやって日本では、NATO諸国では考えられないような者まで「軍属」とされ、特権・免除を与えられてきたのです。

それだけでも問題なのに、この第十四条は、「合衆国軍隊のための合衆国との契約の履行のみを目的として日本国に」滞在する者であれば、「この条に規定がある場合を除くほか、日本国の法令に服さなければならない」として、「この条」で特権を与えているのです（1項）。さすがに裁判権などに関しては、公務中の犯罪であっても日本側に第一次裁判権があるとされていますが（8項）、第五条が定める出入と移動、第九条の入国、第十一条の関税と税関検査など、特権・免除は広範囲に及んでいます（3項）。

米軍の監督権が及ばない民間の契約者が、地位協定の特権・免除を与えられるなど、理論的に考えてあり得ないことです。日本政府が「全条削除」を求めたのは当然です。少なくとも日米当局は、「軍属」補足協定で軍属の定義が明確にされた現在、それ以外のどんな種類の人々が「特殊契約者」となっているかを直ちに明らかにすべきでしょう。

自由な設置と免税と

地位協定

1（a）合衆国の軍当局が公認し、かつ、規制する海軍販売所、ピー・エックス、食堂、社交クラブ、劇場、新聞その他の歳出外資金による諸機関は、合衆国軍隊の構成員及び軍属並びにそれらの家族の利用に供するため、合衆国軍隊が使用している施設及び区域内に設置することができる。これらの諸機関は、この協定に別段の定めがある場合を除くほか、日本の規制、免許、手数料、租税又は類似の管理に服さない。

（b）合衆国の軍当局が公認し、かつ、規制する新聞が一般の公衆に販売されるときは、当該新聞は、その頒布に関する限り、日本の規制、免許、

行政協定

1（a）合衆国の軍当局が公認し、且つ、規制する海軍販売所、ピー・エックス、食堂、社交クラブ、劇場、新聞その他の歳出外資金による諸機関は、合衆国軍隊の構成員及び軍属並びにそれらの家族の用に供するため、合衆国軍隊が使用する施設及び区域内に設置することができる。この協定中に特別の規定がある場合を除く外、前記の諸機関は、日本国の規制、免許、手数料、租税その他類似の管理に服さないものとする。

（b）合衆国の軍当局が公認し、且つ、規制する新聞が一般の公衆に販売されるときは、当該新聞は、その頒布に関する限り、日本国の規制、免許、

手数料、租税又は類似の管理に服する。

2　これらの諸機関による商品及び役務の販売には、1（b）に定める場合を除くほか、日本の租税を課さず、これらの諸機関による商品及び需品の日本国内における購入には、日本の租税を課する。

3　これらの諸機関が販売する物品は、日本国及び合衆国の当局が相互間で合意する条件に従つて処分を認める場合を除くほか、これらの諸機関から購入することを認められない者に対して日本国内で処分してはならない。

手数料、租税その他類似の管理に服するものとする。

2　前記の諸機関による商品及び役務の販売には、1（b）に定める場合を除く外、日本国の租税を課さない。但し、これらの諸機関による商品及び需品の日本国内における購入には、日本国の租税を課する。

3　日本国及び合衆国の当局が相互に合意する条件に従つて処分を認める場合を除く外、前記の諸機関が販売する物品は、これらの諸機関から購入することを認められない者に対して日本国内で処分してはならない。

4　所得税及び社会保障のための納付金の源泉徴収及び納付に関する義務並びに、別に相互に合意される場合を除く外、賃金及び諸手当に関する条件のような雇用及び労働の条件、労働者の保護のための条件並びに労働関係に関する労働者の権利は、日本国の法令で定めるところによらなければ

4　この条に掲げる諸機関は、日本国の当局に対し、日本国の税法が要求するところにより資料を提供するものとする。

ならない。

5　本条に掲げる諸機関は、日本国の当局に対し、日本国の税法が要求するところにより資料を提供するものとする。

〈行政協定改訂問題点〉

41、十五条機関の設置、販売のために輸入する資材・需品の種類及び量は日本国政府の同意を要する。

42、十五条機関は軍票を使用し得、また、日本にある外国為替銀行に外貨予《ママ》金勘定を設けることを得ず。

（＊以下、十一、十二条と重複―引用者）

31、免税品の国内処分は、両国の合意する条件ではなく、日本当局の課する条件による（3項）。

34、合衆国は、日本の裁判所の裁判手続、労働委員会における調査、審問に協力して証人、証拠を提供する（4項）。

35、合衆国は日本裁判所の判決、労働委員会の決定を日本政府が実施し得る様協力する（4項）。

36、労働者の請求権の友好的解決に資するために、既に設置されている如き調停委員会を常設する（4項）。

37、「地方住民税」を追加する（4項）。

本条項は、米軍が公認する諸機関の設置、運用に関するものです。行政協定の時代は、この条項の4項で働く人の労働条件に関して定められていましたが、地位協定ではそれが十二条に移行したので、その問題はすでに解説済みです。右に掲げた「行政協定改訂問題点」の34から36もそこで論じました。

米軍は、基地内において、物品の販売所、食堂、社交クラブ、劇場などを設置することができます。これらの諸機関は、「日本の規制、免許、手数料、租税又は類似の管理に服さない」と明確にされています（1項）。また、これらの諸機関が物品・役務を調達する際、「日本の租税を課さず」とされています（2項）。

この規定にもとづき特例法がつくられ、以下の税金が免除になっています。国税である所得税、印紙税、地方税である事業税、不動産取得税、ゴルフ場利用税、固定資産税、都市計画税、特別土地保有税、法定外目的税及び普通税、事業所税です。

政府は「行政協定改訂問題点」において、これら諸機関が輸入するものは「日本国政府の同意を要する」などの規定を入れようとしました。しかし、行政協定と地位協定の規定ぶりは変わっておらず、政府の要請は米軍に受け入れられませんでした。

法令尊重と法令適用は異なる!?

地位協定

日本国において、日本国の法令を尊重し、及びこの協定の精神に反する活動、特に政治的活動を慎むことは、合衆国軍隊の構成員及び軍属並びにそれらの家族の義務である。

行政協定

日本国において、日本国の法令を尊重し、及びこの協定の精神に反する活動、特に、政治的活動を慎むことは、合衆国軍隊の構成員及び軍属並びにそれらの家族の義務である。

軍人、軍属、家族には日本国の法令を尊重する義務があることを定めたものです。第十条と同じく、行政協定から一字一句変わりませんし、「行政協定改訂問題点」でも改定すべきものとはみなされませんでした。主権国家である限り、領域内にある人と土地を支配する権利を持っており、その権利が外国人にも及ぶこと、従って米軍といえども日本の法令を尊重することは当然です。しかし、日米地位協定をめぐる六〇年の歴史のなかで、この条項ほど問題になってきた条項はありませんでした。

●原則と例外を逆転させる日本政府の立場

ＮＡＴＯ軍地位協定第二条にも同様の規定があります。次のようなものです。

受入国において、受入国の法令を尊重し、及びこの協定の精神に反する活動、特に、政治的な活動を慎むことは、軍隊、軍隊の構成員、軍属及びそれらの家族の義務である。また、このため必要な措置を執ることは、派遣国の義務である。（沖縄県訳）

これまで述べてきた通り、地位協定というのは駐留する外国軍隊の特権・免除を定めたものです。そうである限り、協定で約束した特権・免除の範囲では、外国軍隊に対する日本の主権には制限があるのです。つまり、米軍も日本の法令に服するのが原則であるが、例外が協定で定められているということです。

ところが、日本政府は現在、原則と例外を逆転させ、日本の法令に服さないのが原則であるという考え方を明確にしています。例えば、外務省のウェブサイトでは、地位協定第十六条に関して以下のように説明しています。

日米地位協定Q＆A
問4：米軍には日本の法律が適用されないのですか。

（答）

一般に、受入国の同意を得て当該受入国内にある外国軍隊及びその構成員等は、個別の取決めがない限り、軍隊の性質に鑑み、その滞在目的の範囲内で行う公務について、受入国の法令の執行や裁判権等から免除されると考えられています。すなわち、当該外国軍隊及びその構成員等の公務執行中の行為には、派遣国と受入国の間で個別の取決めがない限り、受入国の法令は適用されません。以上は、日本に駐留する米軍についても同様です。

ただし、米軍や米軍人等が日本で活動するに当たって、日本の法令を尊重しなければならないことは当然であり、日米地位協定にもこれを踏まえた規定が置かれています（第16条）。

なお、これはあくまでも公務執行中について述べたものであり、当然のことながら、公務執行中でない米軍人等、また、それら家族は、特定の分野の国内法令の適用を除外するとの日米地位協定上の規定等がある場合を除き、日本の法令が適用されます。

ここで述べられていることは、一言で単純化して言えば、在日米軍も法令は尊重しなければならないが、「一般に」法令は適用されないということです。個別の取り決めがあればその範囲で法令の適用はあるが、それが「ない限り、受入国の法令は適用されません」というものです。「尊重」と「適用」は違うものだと強弁することによって、原則と例外を逆転させているのです。

地位協定が締結された当時、日本国政府の考え方は、これほど露骨なものではありませんでした。例えば安保条約と地位協定を審議した国会で、当時の林修三法制局長官は、「軍隊の特性上、その軍隊の特性と反するような法令の適用というものは、これはやはりないと考えざるを得ません」と条件付きではありましたが、「（協定に）書いてないものについては、日本の法令が大体適用される」（一九六〇年六月一二日、参議院日米安全保障条約等特別委員会）と明言していたのです。現在と異なることが分かるでしょうか。現在は、（法律を適用すると書いた）個別の取り決めがない限り法令は適用されないと言っているのですが、六〇年当時は、（法律を適用しないと書いた）個別の取り決めがない限り法令は適用されると言っているのです。原則は適用で、例外が不適用だったのです。建前に過ぎなかったのかもしれませんが、現在とは違って、主権国家としての建前は必要だと考えていたのです。

●占領軍を規律する条約と比較するのは不適切だ

先ほどの外務省のQ&Aは、米軍に法令が適用できない根拠を、冒頭にある「一般に」そうなのだということで説明しようとしています。これまで何度も国会で持ち出してきたのは「一般国際法」でそうなっているということでした。では、この問題の一般国際法はどうなっているのでしょうか。

結論から言えば、この問題での一般国際法は、現在生成途上であると言うしかないでしょう。まず、平時における外国軍隊の駐留のあり方一般を規律した国際条約、明文化された取り決めのようなものは存在していません。なぜかと言えば、外国軍隊の駐留を許すという行為は、基本的には第二次世界大戦の終了後に発生したものだからです。国際法が形成されるほどの歴史がない。だから現在は、各国がそれぞれの事情をふまえて地位協定をつくっており、比較してみると、共通するところもありますが、国ごとに違う場合も少なくありません。「これが一般的」と断定できるほどのものはないのです。しかも、これまで見てきたように、ドイツは米軍に法令を適用すると明確にしてきたのに、日本はどんどん適用しない方向に後退してきたのですから、今後もそう簡単に一般化していかないでしょう。

外務省もそこは理解していて、「成文の規則が存在するわけではない」(「地位協定の考え方」)と明言しています。それにしても驚くのは、それに続けて外務省が「尊重」までは一般化している事例として紹介するのが、なんとハーグ陸戦法規であることです。ハーグ陸戦法規において、終戦後に相手国を占領した軍隊が「占領地ノ現行法律ヲ尊重」すべきとされていることをあげて、「占領軍の場合においても……尊重の義務を課されているのであるから、平時において……法令尊重の義務を負うのは当然」と言うのです。比較の対象として占領軍を持ち出すなど、あまりにも不適切で開いた口がふさがりませんが、もしかしたら日本の地位協定の現状について、一九四五年以降の占領下と同じものだと言いたいのかもしれません。正直者だと褒めてあげるべきでしょうか。

●外国軍隊に法令を適用しない国際法秩序は形成されていない

この問題を理解するため、外国軍隊の駐留の歴史を簡単に振り返ります。戦争で勝利した国が戦後に敗戦国に占領軍として駐留する場合を除くと、第二次大戦以前、例外的に外国軍隊の駐留を許す事例として存在していたのは、二つの分野だけでした。

一つは、平時において、例えばイギリス連邦諸国間で見られたものですが、友好のために軍隊を一時的に訪問させ、駐留させるという場合です。この場合、「訪問軍協定（Visiting Forces Agreement）」がつくられ、裁判権は受入国が行使していました（裁判に至らない軍律違反などの懲戒は派遣国の軍隊が責任を負う）。

もう一つは、軍事同盟を結んだ国々の間で、実際に同盟が想定する敵国との戦争が発生した時、戦争を遂行するために駐留を許し合うという場合です。この場合、現在のように平時に外国軍隊を受け入れることはありません。しかし、戦争が起こってしまえば別です。その際は、同盟国に軍隊を派遣するわけですが、戦争中は作戦の遂行が至上命令であって、作戦中の軍隊に外国が裁判権を行使することはあり得ず、裁判権は軍隊派遣国が持つことになりました。

いずれにせよ第二次大戦前、外国軍隊駐留を規律する一般国際法など存在していなかったのです。ましてや、平時における外国軍隊の常駐などは、事例そのものが存在しませんでした。

第二次大戦後、そこに変化が訪れます。まず、戦後すぐの一九四八年、まだドイツの脅威が残っていることを心配したイギリス、フランス、ベルギー、オランダ、ルクセンブルクがNATOの前身と位置づけられるブリュッセル条約（西ヨーロッパ連合条約）機構という軍事同盟を設立します。五カ国が結んだ地位協定では、平時における同盟にふさわしく、軍隊を受け入れる国がすべての裁判権を持つこととなっていました。

一方、それと平行して、増大するソ連の脅威に対抗するため、アメリカを引き込む軍事同盟の必要性が叫ばれ、翌一九四九年にはブリュッセル条約機構に替わってNATOが誕生するのです。その際、受入国の法令を適用するかどうかは、主に裁判権をどうするかを主題として激しく争われましたが、なかなか決着を見ませんでした。一方の欧州諸国は、平時なのだから受入国が裁判権を有すると主張し、他方のアメリカはソ連と戦うために請われて米兵を派遣するのだから自分たちが裁判するのが当然だと主張したため、NATOが発足して以降もさらに議論が続き、二年の議論を経てようやく五一年に合意するのです。その合意は、次の条で解説しますが、公務中か公務外かで裁判権を分けるというものです。おおざっぱに言えば、受入国の法令適用は半分は認められ、半分は認められなかったということでしょう。

その合意をふまえ、日米の行政協定も同様のものに改められ、その後、同じ方式が世界に広がっていきます。その点では、受入国の法令適用は折半された状態ということもできますが、それは裁判権問題に限られていて、受入国の法令が適用されるかどうかの一般論ではありません。

ある考え方が一般国際法と言えるようになるには、世界のほとんどの国がそれを法的な規範であると認めるようになるという現実、慣行が広がることが不可欠です。そしてそれが地位協定などに反映されていくことが必要です。その点では、世界の少なくない国が駐留米軍に自国の法令を適用しようとしているのですから、法令を適用しないのが一般国際法であるなどとは到底言えないのです。逆に、在日米軍には日本国法令を適用すると日本が明確にするならば、世界的にそれが完全に主流となり、その種の一般国際法が形成されるのだということです。

なお、自衛隊の海外派遣が常態化し、アフリカのジブチに恒常的な基地を持つようになりました。日本とジブチが結んだ地位協定では、公務中であれ公務外であれ、ジブチはいっさいの裁判権を持たず、日本側がすべての裁判権を行使することになっています。日米地位協定の裁判権規定を不平等だと批判しながら、それよりももっと不平等な地位協定をジブチに押しつけているのが現状です。ジブチとの地位協定をこのままにしておいて、「外国軍隊には自国の法令を適用するのが当然」と主張しても、まったく説得力がありません。地位協定の改定を求める人々は、ジブチとの地位協定をどうするのか、真剣に考える必要があります。

●日本政府の地位協定解釈は戦時の考え方

筆者の観測によれば、日本政府が一九六〇年の安保国会で表明した建前さえ投げ捨て、米軍にはそもそも日本の法令は適用しないと明言しはじめたのは、七〇年代のことです。そのウラには、七二年に沖縄が返還され、それまでと異なり自由に基地が使えなくなったアメリカが、地位協定の解釈をどんどん自国寄りにしていった事情があると思われます。同時に、直接に地位協定解釈に即して言うと、日本政府が国会答弁を大きく変えたのは、七〇年代になって横須賀が米空母の母港となり、空母の艦載機によって実施されるようになった低空飛行訓練を通じてでした。地位協定に「書いていない」事態が生じた時、法令を適用するという立場から、しないという立場への転換点となったのがこの問題でした。

低空飛行訓練というのは、航空法が定める最低安全高度より低空で飛行する訓練です。住宅密集地では三〇〇メートル、そうでない地域では一五〇メートルより上を飛べというのが航空法施行規則の定めるところです。それ以下で飛行することは住民に危険を与えますし、騒音も並大抵のものではありませんので、一般に禁止されているのです。

低空飛行訓練が始まると、国会では、その訓練は地位協定のどこを根拠にしているのだということが議論されるようになりました。地位協定はすでに解説した第二条で基地（施設・区域）の提供を定めていますが、提供される施設・区域のなかには「射爆場、演習場」なども含まれています。そして実際、日本の領域とその周辺で、広大な訓練空域が提供されています（図1、2参照）。それほどの訓練空域が提供されているのに、それとは別の場所で、しかも住民が暮らしている地域の真上で勝手に訓練するのは地位協定に反していると、国会で問題になったのです。

さすがに政府は困りました。そこで当初、米軍機の低空飛行訓練は地位協定第五条で認められている基地間の「移動」だと説明したりします。しかし、結局最終的には、地位協定に書いていないことでは米軍に法令は適用しないという考え方で整理されるに至ったのです。低空飛行訓練に関する一九九九年一月の日米合同委員会合意が、外務省のホームページでは第五条ではなくこの第十六条に分類されているのは、その転換のあらわれです。

この合意は日米地位協定の特質を象徴しています。法令を適用しない理由を次のように述べているのです。

日本において実施される軍事訓練は、日米安全保障条約の目的を支えることに役立つものである。空軍、海軍、陸軍及び海兵隊は、この目的のため、定期的に技能を錬成している。戦闘即応体制を維持するために必要とされる技能の一つが低空飛行訓練であり、これは日本で活動する米軍の不可欠な訓練所要を構成する。

要するに、日米安保の目的を実現するためなら、提供した空域以外（地位協定に書いていない）の訓練も認めるということです。とりわけ低空飛行訓練は、「戦闘即応体制を維持するために必要」だから当然だということです。

先ほど、軍事同盟を結び戦争のために他国軍隊を受け入れた場合、受入国は裁判権を行使しなかったと紹介しました。戦後のＮＡＴＯでも、平時だから裁判するのは受入国だと主張した欧州諸国に対して、アメリカは戦争のために駐留するのだから自分たちが裁判権を行使するのだと主張したと指摘しました。日本における政府の地位協定解釈は、まさにそういう戦時の解釈と同じなのです。本書では地位協定をめぐってこれまでも、中国や北朝鮮などとの戦争に不可欠な問題では日本側の主張がアメリカと一体化していることを指摘してきましたが、それが特定の条項に止まらず一般化したことを示すのが、この第十六条の解釈をめぐる経過だと言うことができます。

●戦時を理由に国民の暮らしと権利を無視する

低空飛行訓練というのは、文字通り低空を飛行する訓練ですが、何のために低空を飛ぶかというと、敵国のレーダーによる捕捉を避けるためです。山間や谷間をレーダーに見つからずに飛行して目的地に接近し、目標を破壊したり、パラシュートで降下したり、給油したりするのです。戦争に勝利するには不可欠でしょう。軍事専門家の間では、日本の山脈の地形は北朝鮮のそれに似ているため、訓練にはうってつけだと言われています。

パイロットにとっては技術的に高度さを求められ、恐怖心を克服することも必要なため（墜落してパイロットが死亡した事故も高知県で発生した）、絶え間なく技能を磨かねばなりません。訓練が常時行われているのはそのためです。

戦争に低空飛行訓練が不可欠なら、自衛隊にとっても同じです。実際、最低安全高度の適用除外を定めた航空法の特例は、自衛隊にも適用されています。けれども、自衛隊の低空飛行は問題になりません。実際に日常的には日本の領土の上で、訓練は実施されていません。

なぜかというと、自衛隊に特例が認められているのは、防衛出動の時に限られているからです。日本が武力攻撃を受けた事態であれば、自衛隊は侵略してきた相手に反撃するために、低空で飛行することが可能になるのです。

つまり、在日米軍というのは、いわば有事型の訓練を日常的にしているということです。先ほど引用した日米合同委員会合意にある「戦闘即応体制を維持するために必要」という言葉は、まさにそういうことを意味しています。

第二次大戦後は、日本にとっては平和の続く長い戦後ですが、米軍にとっては平時ではありませんでした。冷戦時代は準戦時のようなものでした。ソ連が崩壊し、世界規模では米軍は平時体制に移行しますが、在日米軍はそうではありません。目の前の北朝鮮のことを考えても、朝鮮戦争はまだ法的には終了していない。いつでも戦時体制に移行できるようにしなければならないのです。航空管制権などを握っていたいのも、そういう思惑からでしょう。

しかし、たとえそうであっても、国民の暮らしを脅かすような訓練が許されていいはずがありません。米軍は、アメリカ本土でも低空飛行訓練をしていますが、日本でのそれとはまったく異なります。

まず、訓練ルートは公開されています。日本では非公開ですが、事故を起こした際の米軍の調査報告書などを入手して、ようやく日本国民も知ることができます（図6）。米軍はアメリカでは何日の何時にそのルートをどの方向に飛ぶのかは事前に連邦航空局に提出します（日本

図6　米軍機の低空飛行訓練ルート

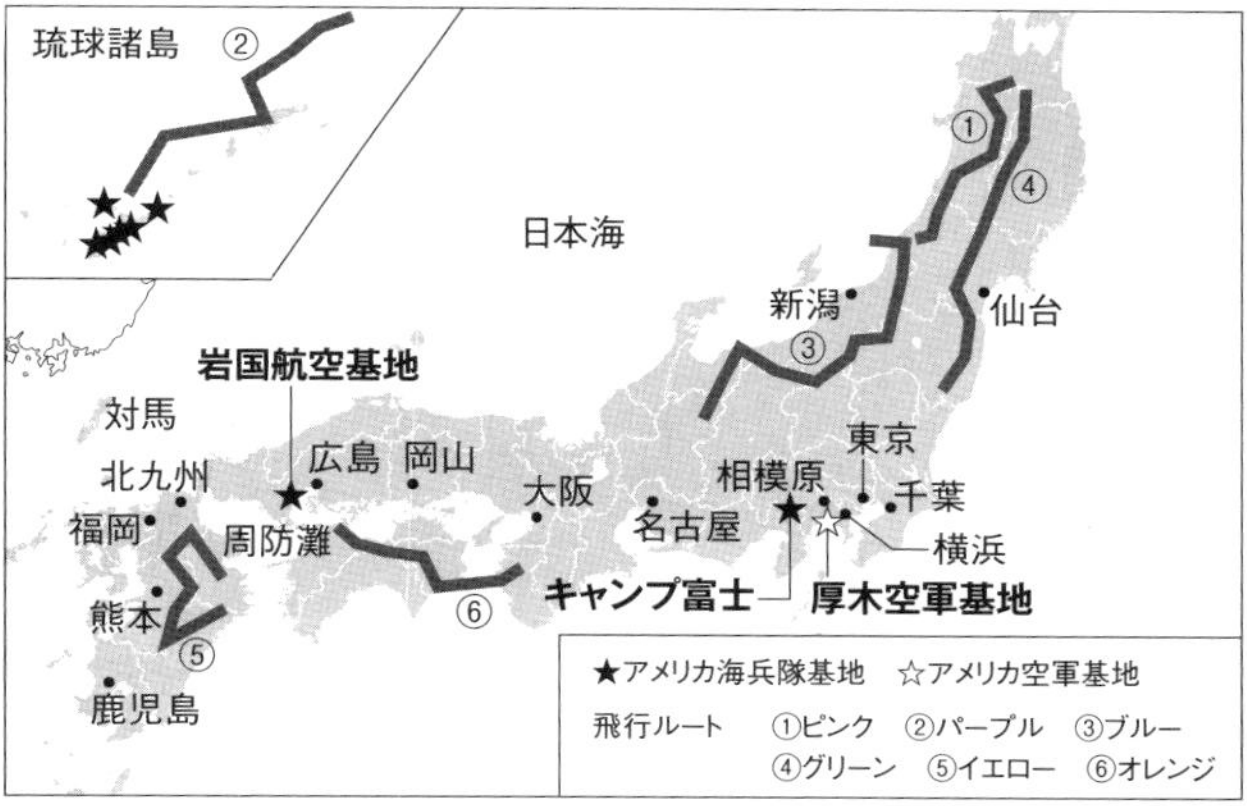

では非提出)。そのルートを別の飛行機やヘリコプターが通過するかもしれないのですから当然です。実際に飛行する二四時間前には、パイロットは関係部局に問い合わせ、ルート上に新たな障害物がないのか、住民から苦情が寄せられてないか、巣ごもりに入っている鳥がいないかなどを把握することも義務づけられています。

米本土においては、有事に備えた訓練であっても、国民の暮らしや環境に悪影響を与えないようなルールがあるのです。それが日本では実施されていないし、日本政府も現状でよしとしているということです。国民の暮らしよりも有事対応を優先させるというのが、日米地位協定が日本にもたらしたものだと言えるでしょう。

NATO並みの建前と実態と

地位協定

1　この条の規定に従うことを条件として、

（a）合衆国の軍当局は、合衆国の軍法に服するすべての者に対し、合衆国の法令により与えられたすべての刑事及び懲戒の裁判権を日本国において行使する権利を有する。

（b）日本国の当局は、合衆国軍隊の構成員及び軍属並びにそれらの家族に対し、日本国の領域内で犯す罪で日本国の法令によつて罰することができるものについて、裁判権を有する。

2（a）合衆国の軍当局は、合衆国の軍法に服する者に対し、合衆国の法令によつて罰することができる罪で日本国の法令によつては罰することが

行政協定

1　千九百五十一年六月十九日にロンドンで署名された「軍隊の地位に関する北大西洋条約当事国間の協定」が合衆国について効力を生じたときは、合衆国は、直ちに、日本国の選択により、日本国との間に前記の協定の相当規定と同様の刑事裁判権に関する協定を締結するものとする。

2　1に掲げる北大西洋条約協定が合衆国について効力を生ずるまでの間、合衆国の軍事裁判所及び当局は、合衆国軍隊の構成員及び軍属並びにそれらの家族（日本の国籍のみを有するそれらの家族を除く。）が日本国内で犯すすべての罪について、専属的裁判権を日本国内で行使する権利を有

できないもの（合衆国の安全に関する罪を含む。）について、専属的裁判権を行使する権利を有する。
（b）日本国の当局は、合衆国軍隊の構成員及び軍属並びにそれらの家族に対し、日本国の法令によつて罰することができる罪で合衆国の法令によつては罰することができないもの（日本国の安全に関する罪を含む。）について、専属的裁判権を行使する権利を有する。
（c）2及び3の規定の適用上、国の安全に関する罪は、次のものを含む。
（i）当該国に対する反逆
（ii）妨害行為（サボタージュ）、諜報行為又は当該国の公務上若しくは国防上の秘密に関する法令の違反
3　裁判権を行使する権利が競合する場合には、次の規定が適用される。
（a）合衆国の軍当局は、次の罪については、合衆国軍隊の構成員又は軍属に対して裁判権を行使

する。この裁判権は、いつでも合衆国が放棄することができる。
3　2に定める裁判権が行われる間は、次の規定を適用する。
（a）日本国の当局は、合衆国軍隊が使用する施設及び区域外において、合衆国軍隊の構成員若しくは軍属又はそれらの家族を犯罪の既遂又は未遂について逮捕することができる。しかし、逮捕した場合には、逮捕された一又は二以上の個人を直ちに合衆国軍隊に引き渡さなければならない。合衆国軍隊の裁判権からのがれ、且つ、施設及び区域外の場所で発見された者は、要請に基いて、日本国の当局が逮捕し、且つ、合衆国の当局に引き渡すことができる。
（b）合衆国の当局は、合衆国軍隊が使用する施設又は区域内において、専属的逮捕権を有する。日本国の裁判権に服する者で前記の施設又は区域内で発見されたものは、要請に基いて、日本国の

する第一次の権利を有する。
（i）もつぱら合衆国の財産若しくは安全のみに対する罪又はもつぱら合衆国軍隊の他の構成員若しくは軍属若しくは合衆国軍隊の構成員若しくは軍属の家族の身体若しくは財産のみに対する罪
（ii）公務執行中の作為又は不作為から生ずる罪
（b）その他の罪については、日本国の当局が、裁判権を行使する第一次の権利を有する。
（c）第一次の権利を有する国は、裁判権を行使しないことに決定したときは、できる限りすみやかに他方の国の当局にその旨を通告しなければならない。第一次の権利を有する国の当局は、他方の国がその権利の放棄を特に重要であると認めた場合において、その他方の国の当局から要請があつたときは、その要請に好意的考慮を払わなければならない。
4　前諸項の規定は、合衆国の軍当局が日本国民又は日本国に通常居住する者に対し裁判権を行使

当局に引き渡すものとする。
（c）合衆国の当局は、前記の施設又は区域の近傍で、当該施設又は区域の安全に対する犯罪の既遂又は未遂の現行犯に係る者を法の正当な手続に従つて逮捕することができる。前記の者で合衆国軍隊の裁判権に服さないものは、直ちに日本国の当局に引き渡さなければならない。
（d）3（c）の規定に従うことを条件として、施設及び区域外における合衆国軍隊の軍事警察の活動は、合衆国軍隊の構成員及び軍属並びにそれらの家族の秩序及び紀律の維持並びにそれらの者の逮捕のため必要な範囲内に限定される。
（e）日本国及び合衆国の当局は、それぞれの裁判所における刑事上の捜査その他の手続のため証人及び証拠を提供することについて協力し、且つ、捜査を行うことについて相互に援助しなければならない。何人も自己に対する刑事裁判権を有しない裁判所に対する裁判所侮辱、偽証又は審判妨害

する権利を有することを意味するものではない。ただし、それらの者が合衆国軍隊の構成員であるときは、この限りでない。

5(a)日本国の当局及び合衆国の軍当局は、日本国の領域内における合衆国軍隊の構成員若しくは軍属又はそれらの家族の逮捕及び前諸項の規定に従つて裁判権を行使すべき当局へのそれらの者の引渡しについて、相互に援助しなければならない。

(b)日本国の当局は、合衆国の軍当局に対し、合衆国軍隊の構成員若しくは軍属又はそれらの家族の逮捕についてすみやかに通告しなければならない。

(c)日本国が裁判権を行使すべき合衆国軍隊の構成員又は軍属たる被疑者の拘禁は、その者の身柄が合衆国の手中にあるときは、日本国により公訴が提起されるまでの間、合衆国が引き続き行なうものとする。

を行つたときは、これを犯した者に対する裁判権を有する裁判所は、その者が当該裁判所に対してこれらの罪を犯したものとみなしてその者を裁判するものとする。

(f)合衆国軍隊は、合衆国軍隊の構成員及び軍属並びにそれらの家族を日本国から退去させる専属的権利を有する。合衆国は、日本国政府が正当な事由により前記のいずれかの者の退去を要請するときは、この要請に好意的考慮を与えるものとする。

(g)日本国の当局は、合衆国軍隊が使用する施設及び区域内にある者若しくは財産について、又は所在地のいかんを問わず合衆国軍隊の財産について捜索又は差押を行う権利を有しない。合衆国の当局は、日本国の当局の要請があつたときは、その権限の範囲内で前記の捜索及び差押を行い、且つ、その結果について日本国の当局に通知することを約束する。前記の財産(合衆国政府が所有

6（a）日本国の当局及び合衆国の軍当局は、犯罪についてのすべての必要な捜査の実施並びに証拠の収集及び提出（犯罪に関連する物件の押収及び相当な場合にはその引渡しを含む。）について、相互に援助しなければならない。ただし、それらの物件の引渡しは、引渡しを行なう当局が定める期間内に還付されることを条件として行なうことができる。

（b）日本国の当局及び合衆国の軍当局は、裁判権を行使する権利が競合するすべての事件の処理について、相互に通告しなければならない。

7（a）死刑の判決は、日本国の法制が同様の場合に死刑を規定していない場合には、合衆国の軍当局が日本国内で執行してはならない。

（b）日本国の当局は、合衆国の軍当局がこの条の規定に基づいて日本国の領域内で言い渡した自由刑の執行について合衆国の軍当局から援助の要請があつたときは、その要請に好意的考慮を払わ

し、又は使用する財産を除く。）に関する判決があつた場合には、合衆国は、日本国の当局にこれを判決に従つて処分するため引き渡すものとする。日本国の当局は、合衆国軍隊が使用する施設及び区域外で、合衆国軍隊の構成員若しくは軍属又はそれらの家族の身体又は財産について捜索又は差押を行う権利を有しない。但し、本条3（a）に従つて逮捕することができる者に関する場合及び前記の捜索が日本国の裁判権の下にある犯人の逮捕のため必要とされる場合は、この限りでない。

（h）死刑の判決は、日本国の法制が同様の場合に死刑を規定していない場合には、合衆国軍隊が日本国で執行してはならない。

4　合衆国は、合衆国の軍事裁判所及び当局が、日本国の法令に違反するすべての罪で合衆国軍隊の構成員及び軍属並びにそれらの家族が日本国内で犯したと認められることについて充分な証拠があるものを裁判し、且つ、有罪の判決をしたとき

なければならない。

8　被告人がこの条の規定に従つて日本国の当局又は合衆国の軍当局のいずれかにより裁判を受けた場合において、無罪の判決を受けたとき、又は有罪の判決を受けて服役しているとき、服役したとき、若しくは赦免されたときは、他方の国の当局は、日本国の領域内において同一の犯罪について重ねてその者を裁判してはならない。ただし、この項の規定は、合衆国の軍当局が合衆国軍隊の構成員を、その者が日本国の当局により裁判を受けた犯罪を構成した作為又は不作為から生ずる軍紀違反について、裁判することを妨げるものではない。

9　合衆国軍隊の構成員若しくは軍属又はそれらの家族は、日本国の裁判権に基づいて公訴を提起された場合には、いつでも、次の権利を有する。

(a) 遅滞なく迅速な裁判を受ける権利

(b) 公判前に自己に対する具体的な訴因の通知

は、処罰する意思及び能力を有すること並びに合衆国軍隊の構成員及び軍属並びにそれらの家族が犯したと認められる罪で、日本国の当局が通告するもの又は合衆国の軍事裁判所及び当局が発見するものを捜査し、且つ、正当に処理する意思及び能力を有することを約束する。合衆国政府は、更に、4に基いて生ずるすべての事件について合衆国の軍事裁判所が行つた処分を日本国の当局に通告することを約束する。合衆国は、4に基いて生ずる事件で日本国政府がそれに対する合衆国の裁判権の放棄を特に重要と認めるものについて、日本国の当局がその放棄を要請するときは、この要請に好意的考慮を与えなければならない。この放棄があつたときは、日本国は、その裁判権を行使することができる。

5　日本国が1に掲げる選択をしなかつた場合には、2以下に定める裁判権は、引き続き行われるものとする。前記の北大西洋条約協定がこの協定

を受ける権利
（c）自己に不利な証人と対決する権利
（d）証人が日本国の管轄内にあるときは、自己のために強制的手続により証人を求める権利
（e）自己の弁護のため自己の選択する弁護人をもつ権利又は日本国でその当時通常行なわれている条件に基づき費用を要しないで若しくは費用の補助を受けて弁護人をもつ権利
（f）必要と認めたときは、有能な通訳を用いる権利
（g）合衆国の政府の代表者と連絡する権利及び自己の裁判にその代表者を立ち会わせる権利
10（a）合衆国軍隊の正規に編成された部隊又は編成隊は、第二条の規定に基づき使用する施設及び区域において警察権を行なう権利を有する。合衆国軍隊の軍事警察は、それらの施設及び区域において、秩序及び安全の維持を確保するためすべての適当な措置を執ることができる。

の効力発生の日から一年以内に効力を生じなかつた場合において、日本国政府の要請があつたときは、合衆国は、合衆国軍隊の構成員及び軍属並びにそれらの家族が日本国で犯した罪に対する裁判権の問題を再考慮するものとする。

（五三年改定の行政協定が現行の地位協定と異なる部分）

11　この協定の第二十四条の規定が適用される敵対行為が生じた場合には、日本国及び合衆国のいずれの一方も、他方の国に対し六十日前に予告を

(b)前記の施設及び区域の外部においては、前記の軍事警察は、必ず日本国の当局との取極に従うことを条件とし、かつ、日本国の当局と連絡して使用されるものとし、その使用は、合衆国軍隊の構成員の間の規律及び秩序の維持のため必要な範囲内に限るものとする。

11　相互協力及び安全保障条約第五条の規定が適用される敵対行為が生じた場合には、日本国政府及び合衆国政府のいずれの一方も、他方の政府に対し六十日前に予告を与えることによつて、この条のいずれの規定の適用も停止させる権利を有する。この権利が行使されたときは、日本国政府及び合衆国政府は、適用を停止される規定に代わるべき適当な規定を合意する目的をもつて直ちに協議しなければならない。

12　この条の規定は、この協定の効力発生前に犯したいかなる罪にも適用しない。それらの事件に対しては、日本国とアメリカ合衆国との間の安全

与えることによつて、本条のいずれの規定の適用も停止させる権利を有する。この権利が行使されたときは、日本国及び合衆国は、適用を停止される規定に代るべき適当な規定を合意する目的をもつて直ちに協議しなければならない。

(現行の地位協定の12に対応する項は存在せず)

第二十四条

日本区域において敵対行為又は敵対行為の急迫した脅威が生じた場合には、日本国政府及び合衆国政府は、日本区域の防衛のため必要な共同措置を執り、且つ、安全保障条約第一条の目的を遂行するため、直ちに協議しなければならない。

保障条約第三条に基く行政協定第十七条の当該時に存在した規定を適用する。

議論されることの多い刑事裁判権に関する条項です。解説もかなり長めになります。

●一年半後の一九五三年九月に改定された理由

各条項の解説の冒頭に、地位協定と行政協定の全文を資料として置いてきました。これまでの条項と比べて第十七条が格段に長いことが分かると思います。同時に、これまでは地位協定と行政協定は同じ程度の長さでしたが、ここだけは行政協定が短いこともお気付きでしょう。

その理由は簡単なのです。行政協定では、米兵、軍属、家族が事件、事故を起こした時、アメリカの側が「すべての罪について、専属的裁判権を日本国内で行使する権利を有する」（傍点は引用者）とされていたからです。仕事を終えて居酒屋に向かい、基地に戻る途中に日本人を殺しても、レイプしても、日本の警察はその被疑者を逮捕することもできないし、ましてや裁判することもできない。すべてアメリカ側がやることなので、日本側といろいろ複雑な取り決めをする必要がなかったことが、文面の長さの違いにあらわれています。

とはいえ、行政協定とは占領時代のことを取り決めたものではなく、日本が独立して以降の米軍の特権・免除を定めたものです。いくら何でも占領時代のような裁判権を容認することはできない。そのため、行政協定第十七条の冒頭で、(NATO軍地位協定が)「合衆国について効力を生じたときは、合衆国は、直ちに、日本国の選択により、日本国との間に前記の協定の相当規定と同様の刑事裁判権に関する協定を締結するものとする」と書いてあったのです。

前条で解説したことですが、四九年にNATO条約がつくられたのに、裁判権をどうするかの決着が長引き、地位協定の合意が五一年になりました。その後も、その合意を批准するかどうかでアメリカ議会が紛糾し(公務外の事件、事故についてアメリカが裁判権を行使できないことが問題になりました)、議論が続いていたのです。その議論がまとまり、NATO条約が発効したなら、同等の規定を日米地位協定でも保障しようというのが、この文面の意味するところでした。占領時と同じような裁判権の状態から自力で脱出するのではなく、他国の努力のおこぼれにあずかろうというところに、占領の延長線上だった日本の現実を垣間見ることができます。

それはさておき、NATO軍地位協定が発効することになりましたので、一九五三年九月、それとほぼ同内容の議定書が日米間で結ばれることになりました。そしてそれが、地位協定第十七条に取り込まれることになります。ですから、本書の資料として紹介している十七条は、わずか一年半ほどで命を終えたということです。

では、それ以降、地位協定になるまでの間、行政協定（便宜的にこれを新行政協定と呼び旧行政協定と区別します）の十七条はどんな内容だったのかと思われるでしょう。それを資料として置いていないのは、ほぼ現行地位協定と同じだから、とくに必要なかろうという判断からです。日本政府はそれで満足したのでしょう。五九年に行政協定を改定するに際して作成した「行政協定改訂問題点」でも問題点は指摘されていません。

ただし、新行政協定と地位協定とは二つの点で違いがありました。一つは、11項の内容が変わったことで、それがどんなものだったかは、旧十七条の該当箇所に貼り付けています。大事なのでのちほど解説もします。もう一つは、地位協定12項に対応するものが新行政協定には存在しないことですが、こちらは大きな意味はありませんので解説はしません。

●裁判権が競合する場合を「公務中」か「公務外」で区別

何かと批判の対象となることの多い裁判権問題ですが、NATO協定であれ日米協定であれ、軍隊派遣国と軍隊受入国のどちらがどんな場合に裁判権を行使するのかという基本的な考え方は、現在、あまり問題になっていないように思えます。一般国際法に近い考え方になっている状態です。

その基本は、まず、派遣国のみの法令に反する罪、受入国のみの法令に反する罪は、それぞれ派遣国、受入国が裁くというものです（2項a、b）。そんな罪があるのかと言われそうですが、アメリカなり日本なりの国家の安全に対する罪などは、安全を脅かされた国だけが裁判権を有することになります。例えば日本の刑法に則して言えば、外患誘致罪のように日本に対する武力攻撃を行う外国を支援する罪がありますが、そんな罪はアメリカ刑法に定められているわけではないので、日本だけが裁判権を行使することになります（ちなみにこの犯罪は日本で唯一、量刑が死刑しかない）。

問題となるのは、どちらの国の法令によっても裁かれるべき犯罪が起きた時です。国民が殺害されたり、レイプされているというのに、自分の国で裁けないとなると、国家主権からしてどうなのだということになりますし、国民感情からも容認できません。そこで、どのような根拠でどちらが裁判するのかという、明確な線引きが求められたのです。

その結論は、ＮＡＴＯ協定も日米協定も、「公務中」に起きた犯罪か「公務外」で起きた犯罪かで区別するというものでした（日米地位協定3項）。殺人なりレイプなりの犯罪が起きたとして、それが公務中に発生したものなら、軍隊の派遣国が第一次の裁判権を持ちます。逆に、それが公務外のものなら、軍隊を受け入れている国が第一次の裁判権を有するのです。この「第一次」という規定は重要で、もう一つの国も「第二次」ではあれ裁判権を有していることを意味しており、主権を放棄するわけではないのだという考え方です。従って、相手国が第一次裁判権を行使しない場合は、自国が第二次の裁判権を行使することができるというわけです。「公務中に殺人を犯したりレイプするなんて考えられないから日本がすべて裁くべきだ」という批判があります。確かに、公務中のレイプは想像するのが困難ですが、殺人のほうは演習中の誤射なども含めてあり得ることなので、公務中か公務外かで裁判権を分割するこの規定自体の正否が争われることはほとんどありませんでした。これまで主に問題になったのは、その運用のあり方でした。

●問題点1――誰が「公務中」を判断するのか

その代表的なものが、「公務中」か「公務外」かを誰が判断するのかです。日米合意議事録では次のように決められています。

合衆国軍隊の構成員又は軍属が起訴された場合において、その起訴された罪がもし被告人により犯されたとするならば、その罪が公務執行中の作為又は不作為から生じたものである旨を記載した証明書でその指揮官又は指揮官に代わるべき者が発行したものは、反証のない限り、刑事手続のいかなる段階においてもその事実の十分な証拠資料となる。

要するに、米軍の指揮官が「公務中であった」という証明書を発行するのです。そうすると、「反証のない限り」公務中だったと認められるということです。反証を出せばくつがえる可能性は否定されていませんが、米兵が公務中だったか否かを日本側が証拠をもって判断するのは困難ですから、事実上、米軍の言い分が通ってしまうという構図です。本書の「まえがき」で言及したジラード事件にしても、米軍演習場で薬莢を拾っていた女性を呼び寄せて至近距離で殺害した行為であって、ジラードが仕事の時間中に行ったものではあっても、その行為は公務と言えるものではありませんでした。しかしアメリカ側は、最後まで「公務中」との主張を変えませんでした。主張を変えないままで裁判権を放棄し、日本側が裁判権を行使したのです。

公務中かどうかは、このようにアメリカ側が恣意的に解釈する余地が大きいものなので、日米間の争いのタネになってきました。例えば、自宅と基地の往復における事件、事故は公務中とされてきましたが、では勤務後、自宅に戻る途中で飲酒して自動車事故を起こした場合はどうかが問題になったのです。五六年の合同委員会合意により、「出席を要求されている公の催事における場合を除き」とされ、「公の催事」で飲酒していたと弁明したなら公務中とされてきたのです。しかしそれが問題になり、二〇一一年の合同委員会合意では、この例外規定が削除されました。

●問題点2——日本側が第一次裁判権を行使しない密約

運用のあり方でもう一つ問題になってきたのは、日本側が第一次裁判権を行使する公務外の犯罪の場合、実際上は多くの場合で裁判権を行使していない実態があることでした。その原因として、重大なものでない限り日本側が第一次裁判権の不行使を約束した秘密合意があることが、アメリカの国立公文書館を調査した新原昭治《にいはらしょうじ》氏によって指摘されていました。行政協定の改定で合意した一九五三年九月の直後（一〇月二八日）、日米合同委員会の部会で、「日本にとって著しく重要と考えられる事件以外については第一次裁判権を行使するつもりはないと述べることができる」と声明して署名し、その議事録を秘密にすることで合意したというのです。

実際、二〇一一年、民主党政権が公開した文書のなかにこの議事録が含まれており、事実であることが確かめられました。しかし、政府は文書公開にあたって、その前日に日米合同委員

表3　日本側が第一次裁判権を行使した（起訴した）件数／行使しなかった（不起訴の）件数（刑法犯、2012年以降）

第一次裁判権	2012年	2013年	2014年	2015年	2016年	2017年	2018年	2019年
起訴件数	30	17	10	17	24	17	10	22
不起訴件数	80	76	54	74	69	74	53	57

法務省提供資料より作成

会を開き、議事録に残っていることについて、「日本の一方的宣言であり、合意を構成したことは一度もなかった」と日米で確認したと述べたのです。実際には密約だったのでしょうが、さすがに国民の前に公開するに際し、そんな合意をしたとは言えなかったのでしょう。今後の問題として大事なのは、それを確かなものにするため、少なくとも重大な犯罪では裁判権を行使するという現実をつくりだすことです。

法務省に問い合わせたところ、刑法犯で日本側が第一次裁判権を行使しなかった事例は、二〇一二年に八〇件で二〇一九年には五七件と、引き続き存在しています（表3）。さすがに殺人や傷害致死などの凶悪犯罪の場合は行使していますが、窃盗や傷害、住居侵入などはしていません。二〇一五年には一件とはいえ、レイプでも行使していません。過去の約束に縛られないよう監視を強めるべきでしょう。

ただし、重大なものでない限り裁判権を行使しないというやり方をしているのは、日本に限ったことではなく、ＮＡＴＯ諸国も同じです。軽微な事件、事故にまで手を広げると、裁判の実務が大変になるという事情もあるようです。異なるところがあるとすると、日米間では密約として秘密裏に処理されてきましたが、NATOでは明文の合意になっていることです（最初に合意を結んだ国の名前をとって「NATO・オランダ方式」と名づけられている）。

なぜそういう違いが生まれるのか。日本の視点でものごとを見ていると、なかなか理解できませんが、地位協定が非対称か相互的かの違いが影響していると思われます。日本の場合、駐留するのは米軍であり、日本はただただ受け入れる側です。一方、NATO諸国の場合、例えばドイツにはアメリカだけでなくイギリス、フランス、ベルギー、オランダ、カナダの軍隊が駐留しています。しかも、NATO軍地位協定を見れば分かるように、協定の主体は「軍隊派遣国」と「軍隊受入国」とされています。ヨーロッパ諸国が軍隊を派遣し、アメリカが本土にそれを受け入れることも、少なくとも協定上は排除されておらず、アメリカだけが特権を享受するというものではないことが、日米地位協定との大きな相違となっているのです（本書では便宜的に米軍が駐留する側で、欧州諸国は受け入れる側という前提で論述している）。NATO諸国の場合、法的な対等・平等が確保されているということです。

●問題点3——公務中の犯罪では裁判がされていない

さらに大きな問題は、アメリカ側が第一次裁判権を行使することになる公務中の犯罪の場合、実際にはその裁判権が行使されていない事例がほとんどだということです。そんなことがあるのかと驚かれるかもしれませんが、間違いのない事実です。

最初にそれが明るみに出たのは、一九七七年のことです。米軍のジェット機が飛行中にエンジン火災を起こし、パイロット二名は脱出して無事だったのに、機体が横浜市緑区（現青葉区）の住宅地に墜落して九名が重傷を負い、翌日、そのなかの三歳と一歳の子どもが死亡するという事件が起きました。公務中の事故なので第一次裁判権はアメリカにあります。しかし、パイロットはすぐに本国に帰国した上に、マニュアルに沿って操縦していたと認定され、そもそも裁判すら開かれなかったのです。

これほどの重大事故で裁判すら開かれないのなら、他の事故はどうなのだということになります。翌七八年、国会でこの問題が追及されたのですが、政府によると、五二年の安保条約・地位協定の発効以来、公務中の事故で日本人四八六人が死亡しているのに、どの場合も裁判は開かれなかったというのでした。このやりとりを聞いていた瀬戸山法務大臣（当時）も、さすがに「意外に思います。率直に申し上げます。今後は厳重にその結果を報告してもらうように交渉したいと思います」（一九七八年三月二二日、参議院予算委員会）と答弁することになりました。

大臣が厳重に報告してもらうと約束したので、国会ではその後も追及がなされますが、しばらくの間、やはり裁判にかけられた者はゼロだという報告が続きます（裁判は開かれなかったが懲戒処分はされた場合があるとしてその総数は報告されるようになります）。そしてようやく二〇〇四年、米軍ヘリが沖縄国際大学に墜落した事故の議論の際、政府は五二年以来約五二〇名の日本人が米軍の事件、事故で死亡しているが、一人が軍法会議にかけられたことを報告しました。ただし、その後は現在まで、再びゼロが続いているようです（表4、5）。

アメリカなりの理屈があることは理解します。マニュアル通りにやっていて犯罪になるのでは兵士になる人はいないでしょう。先ほどの横浜の事故の場合も、エンジンの整備不良が原因だったということですから、パイロットの責任は問われません。

しかし、死者が出ているような事件、事故の場合、裁判の結果として無罪になるならともかく、そもそも裁判しないという判断が正しいのでしょうか。あるいは、少なくとも不起訴にする際は、その理由なりが日本側に通報されるのが筋ではないでしょうか。実際、この第十七条の3項cは次のように定めています。

第一次の権利を有する国は、裁判権を行使しないことに決定したときは、できる限りすみ

表4　米軍人等による事件、事故の発生件数（2015年以降）

	2015年	2016年	2017年	2018年	2019年
公務上	212	220	222	207	170
公務外	210	208	209	269	285
計	422	428	431	476	455

注：1. 本表は、防衛省が日米地位協定第18条業務（損害賠償）の関係において知り得たものであり、米軍の事件・事故等のすべての件数について網羅しているものではない。なお、結果として賠償に至らなかったものも含まれている。
2. 米軍の事件・事故等の覚知年月日を基準として件数を計上しており、よって実際の発生年度と異なる場合がある。

提供/防衛省

表5　事件、事故を起こした米軍人等の裁判等の結果（2015年以降）

	合衆国軍隊の当局からの通知件数			
	裁判	非司法的処分 懲戒処分	処分なし	合計
2015年	0	105	1	106
2016年	0	114	0	114
2017年	0	71	1	72
2018年	0	68	1	69
2019年	0	70	0	70

注：平成25年10月4日付日米合同委員会合意による改正後の合意事項第46項に基づく通報

提供/法務省

やかに他方の国の当局にその旨を通告しなければならない。第一次の権利を有する国の当局は、他方の国がその権利の放棄を特に重要であると認めた場合において、その他方の国の当局から要請があったときは、その要請に好意的考慮を払わなければならない。

「地位協定の考え方」では、この問題について、「第一次裁判権を有する側が裁判権を行使するともしないとも明らかにしないまま事件を放置しておくことは、協定の趣旨に反する」と、珍しく強い口調で言っています。地位協定というと日本に不利なことしか定めていないものだという思い込みがあると見えてきませんが、このような大事な合意があるのですから、日本側もその実現をしっかりとアメリカ側に申し入れるべきでしょう。

●起訴までアメリカ側が拘禁する問題をどう見るか

もう一つ、日米間で重大な争いになってきたのは、事件、事故を起こして逮捕された米軍人を、起訴までの間、日本とアメリカのどちらが拘禁するのかということです。5項cの以下の規定です。

日本国が裁判権を行使すべき合衆国軍隊の構成員又は軍属たる被疑者の拘禁は、その者の身柄が合衆国の手中にあるときは、日本国により公訴が提起されるまでの間、合衆国が引き続き行なうものとする。

要するに、被疑者が日本の警察の捜査をかいくぐって基地に逃げ帰れば、「合衆国の手中にある」として、拘禁はアメリカが行うことになっています。もちろん日本側が逮捕できていれば、こういう問題は起こりません。

これが問題になるのは、アメリカが拘禁する場合、日本が拘禁する場合と比べて、被疑者の取り調べのありようが違ってくるからです。アメリカが拘禁する場合、朝、日本側が米軍基地に出向き、被疑者を警察署に連れてきて、九時から一七時まで取り調べをして、基地に送り返すのが通常です。土日の取り調べはありません。被疑者は取り調べのない時間帯は、家族と自由に過ごせますし、弁護士との打合せの時間もたっぷりとることができます。一方、これを日本側から見ると、厳しい取り調べができないし、時には証拠隠滅につながることがされているのではないかという疑いも生まれるということです。人権保障か取り調べ重視かという難しい問題があるのです。

実は、これまで何度も言及してきたドイツ補足協定ですが、これも日米地位協定とは内容が異なります。しかし、どこが異なるかというと、どんな場合もアメリカ側が拘禁するとなっていることです。大事なので全文を引用しましょう。

第二十二条（拘禁）

1（a）派遣国の当局が裁判権を行使するときは、軍隊の構成員、軍属又は家族の拘禁は、その派遣国の当局が行なうものとする。

（b）ドイツ当局が裁判権を行使するときは、軍隊の構成員、軍属又は家族の拘禁は、……派遣国の当局が行なうものとする。

ドイツでは、たとえアメリカ側が被疑者の身柄を拘束することになっても、批判的な世論が生まれません。それは被疑者の取り調べのありようが、ドイツとアメリカでさほど違わないからです。日産のゴーン被告が海外に逃亡し、日本の警察による取り調べに関して告発したことで、日本の拘禁が欧米の基準と大きくズレていることが国際的に明るみに出ました。人質司法という批判が世界から寄せられました。長期的な視点で見れば、日米による被疑者拘禁の考え方の違いは、被疑者の人権を保障するという方向で達成されていくべきものでしょう。

しかし、同じ犯罪の被疑者に対して国籍が違うからといって別の取り調べの方法をとることは、法の下の平等という点から問題があり、国民の納得も得られません。とくに重大犯罪の場合、日本側が拘禁できるようにすることは切実な課題です。それよりも、なぜ被疑者の身柄の拘束がこれほど問題になるかと言えば、部隊の移動が間近に迫っていることを利用し、その直前に犯罪を起こして逃亡するような事例が過去にあったからであり、人権重視か人質司法かというだけでは論じられない問題であることも、しっかりと理解する必要があるでしょう。

●自衛隊がアメリカの指揮下に入るという問題

最後に、一九五三年の新行政協定にはあったが（資料の11をご覧ください）、地位協定では修正された規定について論じておきます。有事においては日米とも、地位協定十七条の定めの適用はすべて「停止させる権利を有する」というものです。

どこが違っているでしょうか。行政協定では「この協定の第二十四条の規定が適用される敵対行為が生じた場合」となっていますが、地位協定では「安全保障条約第五条の規定が適用される敵対行為が生じた場合」となっているところです。

安保条約第五条は解説するまでもないでしょう。旧安保条約と違って、アメリカの日本防衛義務を明確にし、日米が共同で対処するとしたものです。では、行政協定の第二十四条とはどんなものだったのか。資料として示していますが、ここでも紹介しておきます。

第二十四条

日本区域において敵対行為又は敵対行為の急迫した脅威が生じた場合には、日本国政府及び合衆国政府は、日本区域の防衛のため必要な共同措置を執り、且つ、安全保障条約第一条の目的を遂行するため、直ちに協議しなければならない。

そうなのです。旧安保条約では日本防衛義務が明確でなかったと一般には言われています。しかし、行政協定はその問題に言及しており、日米の「共同措置」までうたっていたのです。これは常識的に言って、本来は行政協定ではなく安保条約の本体で規定すべきものです。それなのに、なぜ行政協定にこれがあったのかと言えば、国会の承認が必要な安保条約の本体には入れたくなかったということでしょう。しかも、当時の首相であった吉田茂は、「一番難関となったのは行政協定第二十四条の問題だった」としています（『回想十年』第三巻、新潮社）。その秘密は、アメリカ側の当初の草案を見れば分かります。こういうものでした。

戦争または差し迫った戦争の危険が生じたとアメリカ政府が判断したときには、警察予備隊その他のすべての日本の軍隊は、日本政府と協議したのち、アメリカ政府が任命する最高司令官の統一指揮権の下におかれる。

（末浪靖司『「日米指揮権密約」の研究』創元社）

有事には日本の軍隊はアメリカの最高司令官に指揮されるというのです。しかも、有事かどうかの判断も、アメリカだけが行うというのです。これが「難関」となるのは当然でしょう。実際に合意した第二十四条は、ご覧になれば分かるように、アメリカの案とは趣が異なっていました。そのことで、日本の軍隊が米軍司令官の指揮下に置かれるというアメリカの意向は否定されたのか、新安保条約下ではどうなったのか。

四〇年近く前、古関彰一氏が、この問題で口頭の密約があったと公表しました。五二年七月二三日、極東米軍司令官のクラーク氏が吉田茂を自宅に招いた際のやりとりが、統合参謀本部宛の報告書として残っており、吉田氏が有事の際には米軍司令官の指揮を受けることを口頭で約束したというものでした（「朝日ジャーナル」一九八一年五月二二日、二九日号）。

この問題をどう捉え、どう評価するかは、地位協定論の範囲を超えることになるので、本書では論じません。密約であれ拘束力はあるという立場もあります。しかし、第一次裁判権の不行使に反する密約も、公表にあたって政府が合意ではなかったと声明せざるを得なかったように、国民の支持を得られないものは存立させてはならないし、存立できないという立場を堅持すべきでしょう。

不十分な救済の仕組み

地位協定

1　各当事国は、自国が所有し、かつ、自国の陸上、海上又は航空の防衛隊が使用する財産に対する損害については、次の場合には、他方の当事国に対するすべての請求権を放棄する。

（a）損害が他方の当事国の防衛隊の構成員又は被用者によりその者の公務の執行中に生じた場合

（b）損害が他方の当事国が所有する車両、船舶又は航空機でその防衛隊が使用するものの使用から生じた場合。ただし、損害を与えた車両、船舶若しくは航空機が公用のため使用されていたとき、又は損害が公用のため使用されている財産に生じたときに限る。

行政協定

1　各当事者は、その軍隊の構成員又はその文民たる政府職員が公務の執行に従事している間に日本国において被つた負傷又は死亡については、その負傷又は死亡が公務執行中の他方の当事者の軍隊の構成員又は文民たる職員によるものであるときは、他方の当事者に対するすべての請求権を放棄する。

2　各当事者は、日本国において所有する財産に対する損害については、その損害が公務執行中の他方の当事者の軍隊の構成員又は文民たる政府職員によるものであるときは、他方の当事者に対するすべての請求権を放棄する。

海難救助についての一方の当事国の他方の当事国に対する請求権は、放棄する。ただし、救助された船舶又は積荷が、一方の当事国が所有し、かつ、その防衛隊が公用のため使用しているものであつた場合に限る。

2（a）いずれか一方の当事国が所有するその他の財産で日本国内にあるものに対して1に掲げるようにして損害が生じた場合には、両政府が別段の合意をしない限り、（b）の規定に従つて選定される一人の仲裁人が、他方の当事国の責任の問題を決定し、及び損害の額を査定する。仲裁人は、また、同一の事件から生ずる反対の請求を裁定する。

（b）（a）に掲げる仲裁人は、両政府間の合意によつて、司法関係の上級の地位を現に有し、又は有したことがある日本国民の中から選定する。

（c）仲裁人が行なつた裁定は、両当事国に対して拘束力を有する最終的のものとする。

（d）仲裁人が裁定した賠償の額は、5（e）（i）、（ii）及び（iii）の規定に従つて分担される。

（e）仲裁人の報酬は、両政府間の合意によつて定め、両政府が、仲裁人の任務の遂行に伴う必要な費用とともに、均等の割合で支払う。

（f）もつとも、各当事国は、いかなる場合においても千四百合衆国ドル又は五十万四千円までの額については、その請求権を放棄する。これらの通貨の間の為替相場に著しい変動があつた場合には、両政府は、前記の額の適当な調整について合意するものとする。

3　1及び2の規定の適用上、船舶について「当事国が所有する」というときは、その当事国が裸用船した船舶、裸の条件で徴発した船舶又は拿捕した船舶を含む。ただし、損失の危険又は責任が当該当事国以外の者によつて負担される範囲については、この限りでない。

4　各当事国は、自国の防衛隊の構成員がその公務の執行に従事している間に被つた負傷又は死亡については、他方の当事国に対するすべての請求権を放棄する。

5　公務執行中の合衆国軍隊の構成員若しくは被用者の作為若しくは不作為又は合衆国軍隊が法律上責任を有するその他の作為、不作為若しくは事故で、日本国において日本国政府以外の第三者に損害を与えたものから生ずる請求権（契約による請求権及び6又は7の規定の適用を受ける請求権を除く。）は、日本国が次の規定に従つて処理する。

（a）請求は、日本国の自衛隊の行動から生ずる請求権に関する日本国の法令に従つて、提起し、審査し、かつ、解決し、又は裁判する。

（b）日本国は、前記のいかなる請求をも解決することができるものとし、合意され、又は裁判により決定された額の支払を日本円で行なう。

3　契約による請求を除く外、公務執行中の合衆国軍隊の構成員若しくは被用者の作為若しくは不作為又は合衆国軍隊が法律上責任を有するその他の作為、不作為若しくは事故で、非戦闘行為に伴つて生じ、且つ、日本国において第三者に負傷、死亡又は財産上の損害を与えたものから生ずる請求は、日本国が次の規定に従つて処理するものとする。

（a）請求は、請求が生じた日から一年以内に提起するものとし、日本国の被用者の行動から生ずる請求に関する日本国の法令に従つて審査し、且つ、解決し、又は裁判する。

（b）日本国は、前記のいかなる請求も解決することができるものとし、合意され、又は裁判によ

（c）前記の支払（合意による解決に従つてされたものであると日本国の権限のある裁判所による裁判に従つてされたものであるとを問わない。）又は支払を認めない旨の日本国の権限のある裁判所による確定した裁判は、両当事国に対し拘束力を有する最終的のものとする。

（d）日本国が支払をした各請求は、その明細並びに（e）（i）及び（ii）の規定による分担案とともに、合衆国の当局に通知しなければならない。二箇月以内に回答がなかつたときは、その分担案は、受諾されたものとみなす。

（e）（a）から（d）まで及び2の規定に従い請求を満たすために要した費用は、両当事国が次のとおり分担する。

（i）合衆国のみが責任を有する場合には、裁定され、合意され、又は裁判により決定された額は、その二十五パーセントを日本国が、その七十五パーセントを合衆国が分担する。

り決定された額の支払は、日本国が円でする。

（c）前記の支払（解決によつてされたものであると日本国の管轄裁判所による事件の裁判によつてされたものであるとを問わない。）又は支払を認めない日本国の管轄裁判所による最終の裁判は、拘束力を有する最終的のものとする。

（d）前諸号に従い請求を満足させるために要した費用は、両国政府が合意する条件で分担する。

（e）日本国が3に従つて承認した又は承認しなかつたすべての請求の明細及び各事件についての認定並びに日本国が支払つた額の明細は、定められるべき手続に従つて、合衆国が支払うべき分担額に対する弁償の要請とともに、合衆国に定期的に送付する。この弁償は、できるだけすみやかに円で行わなければならない。

4　各当事者は、前諸項の実施に当り、その人員が公務の執行に従事していたかどうかを決定する第一次の権利を有する。この決定は、当該請求が

(ii) 日本国及び合衆国が損害について責任を有する場合には、裁定され、合意され、又は裁判により決定された額は、両当事国が均等に分担する。損害が日本国又は合衆国の防衛隊によつて生じ、かつ、その損害をこれらの防衛隊のいずれか一方又は双方の責任として特定することができない場合には、裁定され、合意され、又は裁判により決定された額は、日本国及び合衆国が均等に分担する。

(iii) 比率に基づく分担案が受諾された各事件について日本国が六箇月の期間内に支払つた額の明細書は、支払要請書とともに、六箇月ごとに合衆国の当局に送付する。その支払は、できる限りすみやかに日本円で行なわなければならない。

(f) 合衆国軍隊の構成員又は被用者(日本の国籍のみを有する被用者を除く。)は、その公務の執行から生ずる事項については、日本国においてその者に対して与えられた判決の執行手続に服さ

提起された後できるだけすみやかに行わなければならない。他方の当事者がこの決定に同意しなかつたときは、その当事者は、この協定の第二十六条の規定に基いて協議のためにその問題を合同委員会に付託することができる。

ない。
（g）この項の規定は、（e）の規定が2に定める請求権に適用される範囲を除くほか、船舶の航行若しくは運用又は貨物の船積み、運送若しくは陸揚げから生じ、又はそれらに関連して生ずる請求権には適用しない。ただし、4の規定の適用を受けない死亡又は負傷に対する請求権については、この限りでない。
6　日本国内における不法の作為又は不作為で公務執行中に行なわれたものでないものから生ずる合衆国軍隊の構成員又は被用者（日本国民である被用者又は通常日本国に居住する被用者を除く。）に対する請求権は、次の方法で処理する。
（a）日本国の当局は、当該事件に関するすべての事情（損害を受けた者の行動を含む。）を考慮して、公平かつ公正に請求を審査し、及び請求人に対する補償金を査定し、並びにその事件に関する報告書を作成する。

5　日本国内における不法の作為又は不作為で公務執行中に行われたものでないものから生ずる合衆国軍隊の構成員又は被用者に対する請求は、次の方法で処理するものとする。
（a）日本国の当局は、当該事件に関するすべての事情（損害を受けた者の行動を含む。）を考慮して、公平且つ公正に請求を審査し、且つ、その事件に関する報告書を作成する。
（b）報告書は、合衆国の当局に交付されるもの

(b)その報告書は、合衆国の当局に交付するものとし、合衆国の当局は、遅滞なく、慰謝料の支払を申し出るかどうかを決定し、かつ、申し出る場合には、その額を決定する。
(c)慰謝料の支払の申出があつた場合において、請求人がその請求を完全に満たすものとしてこれを受諾したときは、合衆国の当局は、みずから支払をしなければならず、かつ、その決定及び支払つた額を日本国の当局に通知する。
(d)この項の規定は、支払が請求を完全に満たすものとして行なわれたものでない限り、合衆国軍隊の構成員又は被用者に対する訴えを受理する日本国の裁判所の裁判権に影響を及ぼすものではない。
7　合衆国軍隊の車両の許容されていない使用から生ずる請求権は、合衆国軍隊が法律上責任を有する場合を除くほか、6の規定に従つて処理する。
8　合衆国軍隊の構成員又は被用者の不法の作為

とし、合衆国の当局は、遅滞なく、慰しや料の支払を申し出るかどうかを決定し、且つ、申し出る場合には、その額を決定する。
(c)慰しや料の支払の申出があつた場合において、請求人がその請求の完全な弁済としてこれを受諾したときは、合衆国の当局は、自ら支払をし、且つ、その決定及び支払つた額を日本国の当局に通知する。
(d)5のいかなる規定も、請求の完全な弁済として支払が行われたのではない限り、合衆国軍隊の構成員又は被用者に対する訴を受理する日本国の裁判所の裁判権に影響を及ぼすものではない。

又は不作為が公務執行中にされたものであるかどうか、また、合衆国軍隊の車両の使用が許容されていたものであるかどうかについて紛争が生じたときは、その問題は、2(b)の規定に従つて選任された仲裁人に付託するものとし、この点に関する仲裁人の裁定は、最終的のものとする。

9(a)合衆国は、日本国の裁判所の民事裁判権に関しては、5(f)に定める範囲を除くほか、合衆国軍隊の構成員又は被用者に対する日本国の裁判所の裁判権からの免除を請求してはならない。

(b)合衆国軍隊が使用している施設及び区域内に日本国の法律に基づき強制執行を行なうべき私有の動産(合衆国軍隊が使用している動産を除く。)があるときは、合衆国の当局は、日本国の裁判所の要請に基づき、その財産を差し押えて日本国の当局に引き渡さなければならない。

(c)日本国及び合衆国の当局は、この条の規定に基づく請求の公平な審理及び処理のための証拠

6(a)合衆国軍隊の構成員及び文民たる被用者(日本の国籍のみを有する被用者を除く。)は、3に掲げる請求に関しては、日本国において訴を提起されることがないが、その他のすべての種類の事件については、日本国の裁判所の民事裁判権に服する。

(b)合衆国軍隊が使用する施設及び区域内に日本国の法律に基き強制執行を行うべき私有の動産(合衆国軍隊が使用する動産を除く。)があるときは、合衆国の当局は、日本国の裁判所の要請に基き、それらの財産を差し押えて日本国の当局に引き渡さなければならない。

の入手について協力するものとする。
10　合衆国軍隊による又は合衆国軍隊のための資材、需品、備品、役務及び労務の調達に関する契約から生ずる紛争でその契約の当事者によつて解決されないものは、調停のため合同委員会に付託することができる。ただし、この項の規定は、契約の当事者が有することのある民事の訴えを提起する権利を害するものではない。
11　この条にいう「防衛隊」とは、日本国についてはその自衛隊をいい、合衆国についてはその軍隊をいうものと了解される。
12　2及び5の規定は、非戦闘行為に伴つて生じた請求権についてのみ適用する。
13　この条の規定は、この協定の効力発生前に生じた請求権には適用しない。それらの請求権は、日本国とアメリカ合衆国との間の安全保障条約第

（c）合衆国の当局は、日本国の裁判所における民事訴訟のため証人及び証拠を提供することについて、日本国の当局と協力しなければならない。
7　合衆国軍隊による又はそのための物資、需品、備品、役務及び労務の調達に関する契約から生ずる紛争でその契約の当事者によつて解決されないものは、合同委員会に調停のために付託することができる。但し、7の規定は、契約の当事者が有することのある民事の訴を提起する権利を害するものではない。

三条に基く行政協定第十八条の規定によって処理する。

〈行政協定改訂問題点〉

43、請求権の抛棄は被害者が安保条約の目的に関連して公務に従事していた時に限り、また、米軍と自衛隊相互間とする（1項）。

44、請求権抛棄は、当該財産が安保条約の目的のために使用されていた時、並びに、損害が米軍構成員又は自衛隊員による時に限る。右以外の損害に基く請求権の処理については別途規定を設ける（2項）。

45、厳密には本項に該当しないが関係当事者に対して補償を行うことが正当である如き損害につき、合衆国は日本政府が支払った補償額の七五％償還を行うことにつき好意的考慮を払う（3項）。

46、本項を削除して公務執行中か否かの決定権は日本にありとする。または、決定権を日本国籍を有する仲裁人に委ねる（4項）。

47、合衆国は報告書に対して正当な考慮を払い、決定を行う前に日本当局と協議する（5項）。

48、加害者が既に帰国しあるいは支払能力を欠く等の場合は米軍において慰藉料を払う（5項）。

49、日本国籍の米軍被用者に対する請求権処理の規定を設ける（5項）。

50、「文民たる被用者」を「軍属」と改める（6項a）。
51、米軍が強制執行権なき場合は、日本当局をして強制執行せしめる（6項b）。
52、合同委員会の代りに中立的な裁定機関を設ける（7項）。

米軍の駐留にともなう日本国民の被害は、犯罪による生命や財産の損失、航空機による騒音被害、自動車事故など、多岐にわたります。それに対してどう損害を補償するのかを定めたのがこの条項です。1項から5項までは公務中の事故によるもの、6、7項は公務外のもので、8以降はその他の問題が定められています。「行政協定改訂問題点」が改定を求める項目がもっとも多い条項でもあり、日米間でトラブルが多発していたことを想起させます。

●公務中の事故の民事請求

1項は、損害のうちでもお互いの国有財産、および「防衛隊」が損害を被った場合の規定です。「防衛隊」とは、「日本国についてはその自衛隊をいい、合衆国についてはその軍隊」（11項）です。「防衛隊」の公務中、あるいは「防衛隊」が使用する航空機等で、相手国が公用のために使用している航空機等に損害を与えた場合は、相互に請求を放棄しようという規定です。

日本政府は「行政協定改訂問題点」で、単に公務中というだけでなく、「安保条約の目的」に関連する公務に限ること、損害を被った財産が「安保条約の目的」のために使用されていた時に限ろうとしています。これまで指摘してきたように、基地外での公務が終わり飲酒して基地に戻る途中も「公務中」として処理されてきましたから、自衛隊や国有財産が被害を受けた時の補償をできるだけ増やそうとしたのでしょう。ただし、地位協定にその規定が盛り込まれることはありませんでした。

2項以降は、政府以外の第三者が米軍による被害を受けた時の規定です。協定の文面は、どちらの国も被害国になるし、加害国にもなるとの前提に立っていますが、あくまで「日本国内にあるもの」の損害が対象ですから、日本の自衛隊が米本土に演習に出向いた際にアメリカ国民に与える被害などは対象外です。

公務中に被害を与えた場合、「請求は、日本国の自衛隊の行動から生ずる請求権に関する日本国の法令に従つて、提起し、審査し、かつ、解決し、又は裁判する」（5項a）とされています。米軍が被害を与えた場合も、自衛隊が起こした被害に対する賠償と同じ仕組みを採用し、「国家賠償法」にもとづいて日本政府が取り扱い、被害者に賠償を行うのです。その上で、日本政府が当事者である米軍と米兵に一定額の支払いを求めるものです。被害者が損害を与えた米軍等に請求するのでなく、日本政府が取り扱うのは、通常の損害賠償の考え方からすると特異ですが、NATO軍地位協定も同じ仕組みを採用しています。この仕組みは、地位協定実施にともなう「民事特別法」に規定されています。

具体的な手続きは「合衆国軍隊等の行為等による被害者等に対する賠償金の支給等に関する省令」が定めています。被害者が損害賠償請求を防衛省に提出し、日本側と米軍が協議して賠償額を決定し（協議が整わない場合は仲裁人に裁定を求める）、それに被害者が合意すれば支払いの手続きに移行します。合意がなければ、日本の通常の民事訴訟手続きに従い、裁判に訴えることになります。訴える相手は日本政府であり、最後まで加害者が法廷に出てくることがないという、大きな問題点をはらんでいます。

●請求の分担とアメリカ側の支払いの実態

損害の責任がどこにあるかによって、二種類の考え方が存在します。「合衆国のみが責任を有する場合には、裁定され、合意され、又は裁判により決定された額は、その二十五パーセントを日本国がその七十五パーセントを合衆国が分担する」とされました（5項e i）。一方、アメリカと日本の双方に責任がある場合、「均等に分担する」となっています（5項e ii）。

アメリカが加害者で、日本には責任がない場合も、なぜ日本が分担するのだと思われるでしょう。ただしこれは、NATOと同じ分担割合です。日本の場合、行政協定では「両国政府が合意する条件で分担する」とされており（3項d）、アメリカの合意がなければ賠償がされない仕組みになっていました。それを転換するため、「行政協定改訂問題点」は、「合衆国は日本政府が支払った補償額の七五％償還を行うことにつき好意的考慮を払う」ことをアメリカに求め、それが認められたものです。日本がまず被害者に支払い、アメリカに四分の三を請求する仕組みですから、被害者は決まった賠償を受け取ることができるのです。

しかし、この地位協定での約束が、すべてではないにしても守られていない実態があります。象徴的なのは航空機騒音被害の問題です。

防衛省によれば、これまでに各地の在日米軍等の騒音訴訟で確定した賠償金の額は、合計で約二六〇億円に達しています。支払いが遅れたことによる遅延損害金を含めて約三三〇億円とのことです。地位協定が定める分担割合を適用すると、アメリカ側が支払うべき額は二五〇億円近くになります。

ところがこれまでの裁判でアメリカ側は、裁判所に呼ばれたが参加しない理由を述べた口上書において、「訴状に記載されたいかなる活動も日米地位協定第十八条による正当な請求を構成するものではない」と主張してきました。日本政府の説明によると、「米側は、米軍の航空機は……日米安保条約の目的達成のために所要の活動を行っているのであり、このような活動を通じて発生した騒音問題は……賠償すべきものではない、こういった立場を取っている」(岸田文雄外相、二〇一七年三月二三日、参議院外交防衛委員会)とのことです。こうしてアメリカ側は支払いをしていないのです。

しかし、「日米安保条約の目的達成のために所要の活動を行っている」から請求に応えないでいいということになれば、在日米軍はすべて安保条約にもとづいて活動しているはずですから、いかなる請求にも応えないということになります。それならば、この地位協定の規定自体が不要だということになりかねません。アメリカ側との真剣な交渉が求められるところです。

●公務外に生じた被害の賠償

以上は米軍の公務中に生じた被害ですが、公務外の場合も被害は多発します。6項以降はその場合の民事請求権を規定しています。最たるものは自動車事故であり(九割は自動車事故と言われている)、そのため、わざわざ7項で「合衆国軍隊の車両の許容されていない使用から生ずる請求権は……6の規定に従つて処理する」と定めています。

この場合もまず、前出の「合衆国軍隊等の行為等による被害者等に対する賠償金の支給等に関する省令」にもとづき、公務中の場合と同様、被害者が防衛省に損害賠償請求書を提出し、防衛省がアメリカ側と協議を開始します。その際、アメリカ側が公務中か公務外かを判断し、公務外の証明書が出されたら、被害者が「公務外損害補償請求書」を出し、日本が補償額を査定し、アメリカが額を決定するという仕組みです（6項）。

なお、「行政協定改訂問題点」は、「公務執行中か否かの決定権は日本にありとする。または、決定権を日本国籍を有する仲裁人に委ねる」と求めていますから、行政協定の時代、アメリカが公務外と判断して請求額がねぎられたことが多々あったのでしょう。米軍が公務中かどうかを判断するのは、刑事裁判にかかわる問題では米軍自身であるとされてきたので、民事に限ってではあれ、日本側に決定権を寄こせと求めるのは、大きな意味のあることでした。しかし、この求めは受け入れられませんでした。

一方で、「行政協定改訂問題点」は、「加害者が既に帰国しあるいは支払能力を欠く等の場合は米軍において慰藉料を払う」ことも求めています。米兵が損害を補償すべきことが決まっても、軍の移動などで日本にいなくなり、事実上、補償を受け取れないケースが相次いでいたのです。第十八条6項ｃで、被害者が合意を受諾した際に「合衆国の当局は、みずから支払をしなければならず」と米軍の支払いを義務化したのは、文面上は大きな変化でした。

しかし、それでも問題はなくなりません。例えば、第一条の「軍属」に関連して、二〇一六年に発生した沖縄県うるま市での女性殺害事件を取り上げました。那覇地裁は二〇一八年一月、損害賠償命令制度にもとづき、被告に賠償を命令します。しかし、被告には支払い能力がないということで、遺族側は地位協定にもとづきアメリカ政府に支払いを求めました。米政府は当初、被告と雇用関係になかったことを理由に支払いを拒否したとされますが、世論に抗せないと思ったのか、一定額は見舞金を支払う方針に転換。しかし、裁判で命令された賠償額には届かず、差額は防衛省が支払ったとされます。

原則と特例と

地位協定

1　合衆国軍隊の構成員及び軍属並びにそれらの家族は、日本国政府の外国為替管理に服さなければならない。

2　1の規定は、合衆国ドル若しくはドル証券で、合衆国の公金であるもの、合衆国軍隊の構成員及び軍属がこの協定に関連して勤務し、若しくは雇用された結果取得したもの又はこれらの者及びそれらの家族が日本国外の源泉から取得したものの日本国内又は日本国外への移転を妨げるものと解してはならない。

3　合衆国の当局は、2に定める特権の濫用又は日本国の外国為替管理の回避を防止するため適当

行政協定

1　合衆国軍隊の構成員及び軍属並びにそれらの家族は、日本国政府の外国為替管理に服する。

2　1の規定は、合衆国ドル若しくはドル証券で、合衆国の公金であるもの、この協定に関連する勤務若しくは雇用の結果として合衆国軍隊の構成員及び軍属が取得したもの又は前記の者及びそれらの家族が日本国外の源泉から取得したものの日本国内又は日本国外への移転を妨げるものと解してはならない。

3　合衆国の当局は、2に定める特権の濫用又は日本国の外国為替管理の回避を防止するため適当

な措置を執らなければならない。

な措置を執らなければならない。

外国為替管理とは、国際収支の均衡と為替相場の安定を図るため、政府が外国為替（手形や小切手など）の売買を直接に管理することを意味します。日本では「外国為替及び外国貿易法」によって行われています。

地位協定は、まず1項で、「合衆国軍隊の構成員及び軍属並びにそれらの家族は、日本国政府の外国為替管理に服さなければならない」としています。日本の法令に従うべきことを義務づけているのです。

一方、2項では、その例外を定めています。米軍人、軍属、家族が「雇用された結果取得したもの」、あるいは「日本国外の源泉から取得したもの」です。それらは「日本国内又は日本国外への移転を妨げるものと解してはならない」としています。

どれも行政協定と中身はほぼ同じです。「行政協定改訂問題点」でも取り上げられておらず、日本政府として問題がないという判断でしょう。

不要になった規定をなぜ残すのか

地位協定

1（a）ドルをもつて表示される合衆国軍票は、合衆国によつて認可された者が、合衆国軍隊の使用している施設及び区域内における相互間の取引のため使用することができる。合衆国政府は、合衆国の規則が許す場合を除くほか、認可された者が軍票を用いる取引に従事することを禁止するよう適当な措置を執るものとする。日本国政府は、認可されない者が軍票を用いる取引に従事することを禁止するため必要な措置を執るものとし、また、合衆国の当局の援助を得て、軍票の偽造又は偽造軍票の使用に関与する者で日本国の当局の裁判権に服すべきものを逮捕し、及び処罰するもの

行政協定

1（a）ドルをもつて表示される合衆国軍票は、合衆国によつて認められた者が、合衆国軍隊の使用する施設及び区域内における内部の取引のため使用することができる。合衆国政府は、認められた者が、合衆国の規則により認められる場合を除く外軍票を用いる取引に従事することを禁止されることを確保するため適当な措置を執るものとする。日本国政府は、認められない者に対し軍票を使用する取引に従事することを禁止するため必要な措置を執るものとし、また、合衆国の当局の援助を得て、偽造軍票の製造又は行使に関与する者で日本国の裁判権の下にあるものを逮捕し、及び

とする。
（b）合衆国の当局が認可されない者に対し軍票を行使する合衆国軍隊の構成員及び軍属並びにそれらの家族を逮捕し、及び処罰すること並びに、日本国における軍票の許されない使用の結果として、合衆国又はその機関が、その認可されない者又は日本国政府若しくはその機関に対していかなる義務をも負うことはないことが合意される。
2　軍票の管理を行なうため、合衆国は、その監督の下に、合衆国が軍票の使用を認可した者の用に供する施設を維持し、及び運営する一定のアメリカの金融機関を指定することができる。軍用銀行施設を維持することを認められた金融機関は、その施設を当該機関の日本国における商業金融業務から場所的に分離して設置し、及び維持するものとし、これに、この施設を維持し、かつ、運営することを唯一の任務とする職員を置く。この施設は、合衆国通貨による銀行勘定を維持し、かつ、

処罰するものとする。
（b）合衆国の当局が、認められない者に対し軍票を行使する合衆国軍隊の構成員及び軍属並びにそれらの家族を逮捕し、及び処罰すること並びに、日本国における軍票の認められない使用の結果として、合衆国又はその機関が、これらの認められない者又は日本国政府若しくはその機関に対していかなる義務も負うことはないことが合意される。
2　軍票の管理を行うため、合衆国は、その監督の下に、合衆国が軍票の使用を認めた者の用に供する施設を維持し、及び運営する一定のアメリカの金融機関を指定する権利を有する。軍用銀行施設を維持することを認められた金融機関は、その施設を当該機関の日本国における商業金融業務から場所的に分離して設置し、及び維持するものとし、これに、この施設を維持し且つ運営することを唯一の任務とする職員を置く。この施設は、合衆国通貨による銀行勘定を維持し、且つ、この勘

この勘定に関するすべての金融取引（第十九条2に定める範囲内における資金の受領及び送付を含む。）を行なうことを許される。

定に関するすべての金融取引（この協定の第十九条2に定める範囲内における資金の受領及び送付を含む。）を行うことを許される。

〈行政協定改訂問題点〉
53、軍票使用を許される者の範囲は両国政府の合意に従って合衆国が定める。
54、日本人が善意で取得した軍票は米軍がドルで補償する。
55、軍用銀行施設の新設、移動は事前に日本側と協議する。

軍票とは、軍隊が占領地などで発行するもので、貨幣の代わりに使われます。ずっと昔、戦争で相手国に勝って占領した軍隊は、必要なものは実力で奪いとったのですが、二〇世紀の初頭に合意されたハーグ陸戦法規において、かならず代価を支払うことが義務づけられました。しかし、自国の通貨を大量に使うとインフレのおそれがあることなどから、貨幣の裏付けのあるものとして軍票が発行されるようになったものです。

戦後もしばらくの間、アメリカは、世界各地に展開する米軍の給与の支払いなどのため、軍票を使用していました。軍票で給与の支払いを受けた米兵が、基地の外で使うようなことがあると、通貨の管理という点で問題が多く、軍票がドルに替えられないと損害も生まれます。そこで「施設及び区域内（基地内）」に限定した使用を認め、管理しようとしたものです。

しかし、同様の規定があった行政協定下でも問題は多発したようです。「行政協定改訂問題点」が、「軍票使用を許される者の範囲は両国政府の合意に従つて合衆国が定める」とか、「日本人が善意で取得した軍票は米軍がドルで補償する」と求めているのは、そうした現実のあらわれだったのでしょう。しかし、使用を許される対象は「合衆国によつて認可された者が」として日本の合意は問題にもされず、日本人への損失補償の規定も入りませんでした。

現在、在日米軍基地で軍票が使われているという情報はありません。従って無用な規定のように思えますが、ドイツ補足協定でも軍票に関しては詳細な規定が残っています（第六十九条外国為替規定）。戦時を想定して残しているのかもしれません。

郵政大臣の管理権は及ばず

地位協定

合衆国は、合衆国軍隊の構成員及び軍属並びにそれらの家族が利用する合衆国軍事郵便局を、日本国にある合衆国軍事郵便局間及びこれらの軍事郵便局と他の合衆国郵便局との間における郵便物の送達のため、合衆国軍隊が使用している施設及び区域内に設置し、及び運営することができる。

行政協定

合衆国は、合衆国軍隊の構成員及び軍属並びにそれらの家族が利用する合衆国軍事郵便局を、日本国にある合衆国軍事郵便局間及びこれらの軍事郵便局と他の合衆国郵便局との間における郵便物の送達のため、合衆国軍隊が使用する施設及び区域内に設置し、及び運営する権利を有する。

アメリカは、在日米軍基地のなかに、独自の郵便局を設置し、運営することができます。地位協定実施にともなう「郵便法特例法」で、地位協定と同じことが次のように定められています。

郵便法（昭和二十二年法律第百六十五号）第二条及び第四条の規定にかかわらず、アメリカ合衆国は、日本国とアメリカ合衆国との間の相互協力及び安全保障条約第六条に基づく施設及び区域並びに日本国における合衆国軍隊の地位に関する協定第二十一条に基づき、合衆国軍隊の構成員及び軍属並びにそれらの家族の利用する合衆国軍事郵便局を合衆国軍隊の使用する施設及び区域内に設置し、日本国にある合衆国軍事郵便局相互間及び日本国にある合衆国軍事郵便局と他の合衆国郵便局との間における郵便物の送達の業務を行うことができる。

米軍人、軍属、家族は、この軍事郵便局を利用して、海外や日本の他の地域との間で郵便物のやりとりをできるのです。地位協定の文面では、これを利用できるのは米軍人、軍属、家族だけのようですが、実際には「通常海外で同様の特権を与えられている合衆国政府のその他の官吏及び職員」も利用できるとされ（合意議事録）、在日外交官、軍事顧問団なども利用できます。

行政協定にあった「（軍事郵便局を）設置し、及び運営する権利」という文面から、地位協定では「権利」という言葉は消えています。しかし、日本の郵政大臣は、この郵便局に対していっさいの管理権を有していません。

一般市民を予備役に編入して

地位協定

合衆国は、日本国に在留する適格の合衆国市民で合衆国軍隊の予備役団体への編入の申請を行なうものを同団体に編入し、及び訓練することができる。

行政協定

合衆国は、日本国に在留するすべての適格の合衆国市民を合衆国軍隊の予備役団体に編入し、及び訓練する権利を有する。但し、日本国政府が雇用している者の場合には、日本国政府の事前の同意を得なければならない。

〈行政協定改訂問題点〉
56、本条は必要不可欠でない限り削除する。

日本に住んでいるアメリカ国民のなかで、申請を行ったものを米軍の予備役とし、かつ日本で訓練することができると定めたものです。NATO軍協定やドイツ補足協定にもこのような規定はなく、「行政協定改訂問題点」も「必要不可欠でない限り削除する」ことを求めています。

予備役とは、軍人としての訓練を受け、必要な時には召集されるが、平時においては別の仕事をしている人のことです。軍隊が有事に必要なだけの人員を抱え込んでいたら、肥大化することになって、財政上その他の問題が生じるので、そのような制度が設けられています（自衛隊の場合は予備自衛官と呼ばれる）。

ただし、召集された時に技能が極端に落ち込むことのないよう、適宜訓練が施されます。アメリカ陸軍の場合、年間で最低三九日間と言われています。

この第二十二条は、現に予備役であるものの訓練をするという規定ではありません。現在は予備役ではないものが、予備役になりたいと申請してくれれば、それを認めて編入し、訓練するという規定です

しかも、行政協定では、「日本国政府が雇用している者の場合には、日本国政府の事前の同意を得なければならない」とされていたのに、地位協定ではこの規定がなくなりました。有事へのアメリカの本気度が見えてくるようです。

米軍の財産には捜査権も及ばず

地位協定

日本国及び合衆国は、合衆国軍隊、合衆国軍隊の構成員及び軍属並びにそれらの家族並びにこれらのものの財産の安全を確保するため随時に必要となるべき措置を執ることについて協力するものとする。日本国政府は、その領域において合衆国の設備、備品、財産、記録及び公務上の情報の十分な安全及び保護を確保するため、並びに適用されるべき日本国の法令に基づいて犯人を罰するため、必要な立法を求め、及び必要なその他の措置を執ることに同意する。

行政協定

日本国及び合衆国は、合衆国軍隊、合衆国軍隊の構成員及び軍属並びにそれらの家族並びにこれらのものの財産の安全を確保するため随時に必要となるべき措置を執ることについて協力するものとする。日本国政府は、その領域において合衆国の設備、備品、財産、記録及び公務上の情報の充分な安全及び保護を確保するため、並びに適用されるべき日本国の法令に基いて犯人を罰するため、必要な立法を求め、及び必要なその他の措置を執ることに同意する。

〈行政協定改訂問題点〉
57、全条削除する。または、前段を削除し、後段を第十七条に移す。

米軍と軍人、軍属、家族そのもの、さらにはその「財産の安全を確保するため」、日本が必要な措置をとるべきことを定めたものです。また、そのために必要となる立法その他の措置も求めています。「行政協定改訂問題点」が、「全条削除する。または、前段を削除し、後段を第十七条に移す」と、強い調子で求めていることに注目してください。

この条項ではまず、「日本国……は、合衆国軍隊、合衆国軍隊の構成員及び軍属並びにそれらの家族並びにこれらのものの財産の安全を確保するため随時に必要となるべき措置を執る」(1項)とされています。日本政府が入国を許可したのですから、一般に保護のために必要な措置をとることは日本側の義務でしょう。しかしなぜここで、わざわざ「財産の安全」だけを取り上げ、必要な措置をとることを求めたのか。それは、「行政協定改訂問題点」が「後段を第十七条に移す」としていることと関係しているようです。その後段では、米軍の財産等を保護するために、「日本国の法令に基づいて犯人を罰するため、必要な立法を求め、及び必要なその他の措置を執る」とまで述べているのです。一般的に保護するというだけでなく、犯人を罰することまで明文化して求めているのですから、穏やかではありません。

では、なぜ第十七条なのか。刑事裁判権を規定した第十七条に関する合意議事録には、この地位協定第二十三条と似た次のような規定があります。

日本国の当局は、通常、合衆国軍隊が使用し、かつ、その権限に基づいて警備している施設若しくは区域内にあるすべての者若しくは財産について、又は所在地のいかんを問わず合衆国軍隊の財産について、捜査、差押え又は検証を行なう権利を行使しない。

基地内の人と財産はもちろん、基地外であっても（「所在地のいかんを問わず」とはそのこと）米軍の財産については、日本側は「捜査、差押え又は検証を行なう権利を行使しない」のです。こうした考え方で合意しているから、例えば二〇〇四年、沖縄国際大学に米軍ヘリが墜落し重大な被害を与えているのに、「米軍の財産」だからとして日本側の警察権が及ばなかったのです。

政府も本音では、ここまでの規定は「全条削除」したかったのでしょう。ただ、アメリカとの関係を考えると、そこまではできないと考えた。それなら、第二十三条のような短い条項に入れていては目立つので、長大な第十七条のなかに潜ませて目立たないようにしよう。そんな判断が働いたのではないでしょうか。しかし、そんな腰砕けの要求では足下を見られ、結局、実際には一字一句変わらないで第二十三条として残された。そこに、占領延長型としての地位協定の特質が如実にあらわれているということでしょう。

しかし、もう忘れ去られていますが、地位協定の解釈にあたってまだ建前が通用していた六〇年代は、別の対応がされていました。一九六八年六月、米軍機が九州大学に墜落する事故があったのですが、九州大学は「大学の自治」という観点から、機体の回収どころか米軍が大学に入ることさえ拒否し、日本政府もそれを黙認したのです。この結果、機体は一年四カ月も大学構内に留め置かれ、翌年一〇月になってようやく機動隊四〇〇〇名が大学に入り、反対する学生を排除しつつ米軍基地に持って行ったのでした。

地位協定の規定が不利だから日本はつねに屈辱的な現実を受け入れざるを得ないと思っている人がいるかもしれません。しかし、地位協定の規定がどうであれ、闘い方次第で可能なことはあるのです。

特例が原則になっていいのか

地位協定

1　日本国に合衆国軍隊を維持することに伴うすべての経費は、2に規定するところにより日本国が負担すべきものを除くほか、この協定の存続期間中日本国に負担をかけないで合衆国が負担することが合意される。

2　日本国は、第二条及び第三条に定めるすべての施設及び区域並びに路線権（飛行場及び港における施設及び区域のように共同に使用される施設及び区域を含む。）をこの協定の存続期間中合衆国に負担をかけないで提供し、かつ、相当の場合には、施設及び区域並びに路線権の所有者及び提供者に補償を行なうことが合意される。

行政協定

1　日本国に合衆国軍隊を維持することに伴うすべての経費は、2に規定するところにより日本国が負担すべきものを除く外、この協定の存続期間中日本国に負担をかけないで合衆国が負担することが合意される。

2　日本国は、次のことを行うことが合意される。

（a）第二条及び第三条に定めるすべての施設、区域及び路線権（飛行場及び港における施設及び区域のように共同に使用される施設及び区域を含む。）をこの協定の存続期間中合衆国に負担をかけないで提供し、且つ、相当の場合には、施設、区域及び路線権の所有者及び提供者に補償を行う

3　この協定に基づいて生ずる資金上の取引に適用すべき経理のため、日本国政府と合衆国政府と

こと。

（b）定期的再検討の結果締結される新たな取極の効力発生の日までの間、合衆国が輸送その他の必要な役務及び需品を日本国で調達するのに充てるため、年額一億五千五百万ドルに相当する額の日本国通貨を合衆国に負担をかけないでその使用に供すること。円の支払が貸記される際の為替相場は、公定の平価又は次の相場、すなわち、日本国政府が認める相場又は日本国政府、その機関若しくは外国為替取引を行うことを認可された日本国の銀行が何人かとのいずれかの取引において用いる相場で支払の日に何人かが利用することができるもののうち、合衆国が最も有利と認めるもので、両国が国際通貨基金と平価について合意しているときは、国際通貨基金協定で禁止されていないものとする。

3　この協定に基いて生ずる資金上の取引に適用すべき経理のため、日本国政府と合衆国政府との

の間に取極を行なうことが合意される。

間に取極を行うことが合意される。
（行政協定では第二十五条）

米軍が日本に基地を維持しようと思えば、それに関連する費用が発生せざるを得ません。この条項は、その費用を日米がどう分担するかを定めたものです。行政協定の時代、「（日本が）年額一億五千五百万ドルに相当する額の日本国通貨を合衆国に負担をかけないでその使用に供すること」とされ（2項b）、実際、その額を毎年「防衛分担金」名目で支払っていましたが、それは地位協定には引き継がれませんでした。これを除くと、地位協定と行政協定の費用分担の考え方は、基本的に同じものです。「行政協定改訂問題点」も改善すべき点を指摘していません。

なお、この条項から、行政協定との対応がズレてきます。すでに書いたことですが、行政協定第二十四条は日米共同作戦を規定したものであり、一九六〇年からは新安保条約の本体に移されたため、行政協定では第二十五条にあった経費の分担が地位協定では一つズレて第二十四条に来ることになったのです。

●基地提供経費の日本負担とその内訳

費用分担の基本的な考え方は、「日本国に合衆国軍隊を維持することに伴うすべての経費は、2に規定するところにより日本国が負担すべきものを除くほか、……合衆国が負担する」（1項）というものです。では、2項で規定されているもの、つまり日本が提供することが想定されているものは何かというと、「施設及び区域並びに路線権」とされています。それは「（日本が）所有者及び提供者に補償を行なう」ということです。「施設及び区域」とは、くり返しになりますが「基地」のことです。路線権とは、その基地に出入りするために不可欠な隣接の地域を使う権利のことで、「飛行場及び港における施設及び区域のように共同に使用される施設及び区域を含む」とされています。それらについては、「（日本が）合衆国に負担をかけないで提供」するというのが、地位協定の定めるところとなっています。

2項で日本が負担すべきものを除き、「すべての経費は……合衆国が負担する」というのですから、2項の「施設及び区域並びに路線権」の定義が明確であれば、それをアメリカに提供するのに必要な費用と、提供にあたって必要となる補償費だけが日本の負担になるということで、何の問題もありません。そして、調達庁（在日米軍と自衛隊の施設関係を扱っていたが防衛省に吸収された防衛施設庁の前身）発行の『占領軍調達史』が、行政協定で日本が負担すべきものについて、「施設と区域および路線権の提供に要する経費（借上料と補償費）」と述べていたように、借上料（提供する土地を所有者から借り上げるための費用）と補償費（米軍が基地を使うことによって周辺住民に与える被害を補償するための費用）が、日本が負担すべきものと考えられてきました。「土地の代金と補償費が日本負担であとはアメリカ負担」というのが一般的な理解でした。だから、思いやり予算で米軍住宅を建設することなどについて、「地位協定に反している」との批判が強まったのです。

しかし、地位協定に書かれている「施設及び区域」を日本語で見ても、「区域（areas）」は土地のことだと観念できますが、それなら「施設（facilities）」とは何のことだということになります。それはあとで論じますが、この問題を正確に理解してもらうため、まず二〇二〇年度の在日米軍関係経費の表をご覧ください（図7）。これに該当する費用はいくつかに分類されます。

左から見ていきます。「基地周辺対策費」は、例えば航空機騒音に悩まされる住民のため、住宅の防音工事をしたりするための費用です。少し下にある「漁業補償等」も同じような性格の予算です。「リロケーション費」は聞き慣れない言葉だと思いますが、「提供施設移設整備費」とされることもあり、「施設」とは何かということともかかわるので、あとでまとめて論

SACO関係経費（138億円）

- 土地返還のための事業　5億円
- 訓練改善のための事業　1億円
- 騒音軽減のための事業　0.1億円
- SACO 事業の円滑化を図るための事業　118億円

計:**125億円**

米軍再編関係経費（1,799億円）

- 在沖米海兵隊のグアムへの移転　410億円
- 沖縄における再編のための事業　807億円
- 空母艦載機の移駐等のための事業　0.9億円
- 緊急時使用のための事業　47億円
- 訓練移転のための事業（現地対策本部経費）　0.8億円
- 再編関連措置の円滑化を図るための事業　443億円

計:**1,709億円**

特別協定による負担（1,623億円）

- 訓練移転費（訓練改善のための事業の一つ）　13億円
  - ［・104 号線越え射撃訓練
  - ・パラシュート降下訓練］
- 訓練移転のための事業　90億円
  - ［・米軍再編に係る米軍機の訓練移転］

じます。

「民公有地借料」とは、文字通り、民有地と自治体所有の公有地を借りて米軍に提供しているので、その借料を民公有地の所有者に支払うものです。国有地の場合、借料は発生しませんが、米軍以外に貸した場合にどれほどの収益が得られるかを、一番下にある「防衛省関係予算以外」のなかの「国有地等借上試算」（提供普通財産借上試算）として示しています。

　同じ場所にある「基地交付金」は、米軍基地のある自治体に交付されるもので、総務省の予算とな

図7　在日米軍関係経費（2020年度予算）

在日米軍の駐留に関連する経費
（防衛省関係予算：3,993億円 ①+②）

- 基地周辺対策費　664億円
- 民公有地借料　1,030億円
- リロケーション費　14億円
- その他（漁業補償等）　292億円

計：**2,000億円**②

防衛省関係予算以外

- 他省庁分（基地交付金等）　411億円（2019年度予算）
- 国有地等借上試算　1,641億円（2019年度試算）

在日米軍駐留経費負担
（1,993億円 ①）

- 提供施設整備費（FIP）　207億円
- 労務費（福利費等）　266億円

計：**473億円**

- 労務費（基本給等）　1,287億円
- 光熱水料等　223億円
- 訓練移転費（NLP）　10億円

計：**1,520億円**

防衛省ウェブサイトをもとに作成

ります。土地を提供しているがゆえに広大な面積を奪われ、住民が住んでいれば入ってくるべき収入が得られないので、その補塡としての性格を持ちます。

　これらを見れば、「日本の負担は土地代と補償費」ということが理解できるでしょう。長い間、これらの項目が、地位協定で日本側が負担すべきものだと考えられてきました。しかし一九七〇年代になって、そこに変化が生まれてきます。

●「特別法は一般法を破る」という考え方

地位協定冒頭の「すべての経費は……合衆国が負担する」という規定ぶりには、アメリカの「誇り」（「驕《おご》り」とも言える）が滲《にじ》み出ているように思えます。アメリカは世界に自国流の平和を享受させるという誇り高い任務のために駐留しているのであって、だからこそ日本に対して特権・免除は当然のこととして要求するが、世界一流の軍事基地を維持する費用を小国日本に出させるようなせこいことはしないという「誇り」です。しかし、その「誇り」は長続きせず、日本側の負担が拡大してきました。

形式の面から言うと、従来はアメリカが負担してきたが現在は日本が負担している費用は、二種類に大別されます。図の下のほうで三つの項目にまたがって「特別協定による負担」（地位協定と対比して「特別協定」と呼ばれる）とされている経費と、それ以外の経費（左のブロックのなかの「提供施設整備費」と「労務費（福利費等）」）です。わざわざ条約（協定）を結んでまで支出するべきだと判断された経費と、条約を結ぶまでもなく日本が支出していいと判断された経費とも言うことができます。

この問題を論じる文献のなかで、よく「地位協定に違反して支出している経費」という言い方がされます。これは正しくもあり、間違いでもあります。地位協定の文面に反している経費という点では正しいのですが、それが違法な支出かと言うとそうではないからです。

法律の世界では、「特別法は一般法を破る」という考え方があります。通常はある事項に関して一般に通用している法律（一般法）が優先されるのですが、ある特定の条件のもとでは、一般法よりも特別法が優先されることを意味します。例えば、最近問題になった事例では、皇室典範と天皇の退位等に関する皇室典範特例法との関係がそれにあたります。一般法である皇室典範では、皇位の継承は天皇が崩御した時に限られていますが、その特別法として皇室典範特例法がつくられ、退位によっても皇位を継承できるようにしたものです。そうしたからといって、「皇室典範特例法は皇室典範違反だ」という言い方はしないのと同じで、特別協定で支出を決めた場合、それは違法なものとはならないのです。

いずれにせよ、特別協定で規定された予算の項目は、誰がどう見ても、現在の地位協定を改正することなしに支出できないと考えられたわけです。それはどんな項目のもので、特別協定を必要としないと判断されたのはどんなものなのでしょうか。

●特別協定で規定されている経費とその中身

それではまず、特別協定で規定されている経費を見てみましょう。特別協定が最初に締結されたのは一九八七年で、それ以来、ほぼ五年に一度、交渉を経て再締結されています。「特別法は一般法を破る」とはいえ、あくまで特別なもの、あるいは暫定的で一時的なものという性格を持ちますので、恒久的な法律という形式はとれません。それで五年ごとに結び直すのです。

特別協定によって日本が負担している予算は、現在のところ三つあります。基地で働いている日本人従業員の基本給（労務費）、光熱水料等、訓練移転費です。いずれも地位協定上、日本側が支払う性格のものでないことは明白であり、特別協定の締結が不可欠だったでしょう。

しかし、日本人従業員の給与のうち基本給を除く部分（福利費など諸手当）は、特別協定締結以前の一九七八年から日本側が支払っていたものです（図の左のブロックの「労務費（福利費等）」）。最初は社会保険料の事業主負担分などから開始され、次第に基本給を除くすべての手当に拡大されました。その際、地位協定上、基本給は米軍が支払うことが義務づけられているが、手当は義務づけられていないという「論拠」を立てて説明したため、法的に米軍支払いが義務づけられていたはずの基本給まで日本が支払うことが決まるにあたって、特別協定を締結するという手法をとる以外になかったのでした。

光熱水料等の日本負担は、一九九一年に締結された特別協定によって開始されました。負担の割合は段階的に拡大し、最終年度の九五年には一〇〇パーセントになるというもので、「公用」か「私用」かの区別も難しいということで事実上使い放題になるのです。基地の外に居住している米兵の光熱水料等まで含まれました。アメリカで生活しているときは米兵が自分で支払う分を日本では支払わないで済むということで、さすがに自衛隊からも批判が噴出し、二〇〇一年の特別協定からは基地の外の住居は除かれ、基地のなかの分も減額されます。現行の二〇一六年の特別協定では、光熱水料等の日本側負担の割合は六一パーセントとされています。

特別協定で支払っている項目のなかに「訓練移転費」があります。これは何かというと、日本本土でやっていた米軍機の夜間離着陸訓練（NLP）を硫黄島に移転して実施するための費用で、一九九六年の特別協定から開始されました。特別協定によると、移転にともなって「追加的に必要となる経費」を日本が支払うのですが、移転費（機体や米兵の輸送費用等）の見積もりは米軍側が行い、日本はそれを「考慮」するというもので、事実上、米軍が必要とするものを日本側が支払う仕組みになっています。それ以前に、米軍の訓練費用を日本が負担するに等しく、そこまでやるのかと考えさせられる項目です。

●米軍の戦闘行動を支える提供施設整備費

特別協定を結ぶまでもなく、日本側が現行地位協定のもとでも「思いやり」で支払える。政府がそう判断した項目が二つあります。一つは、すでに解説した基地従業員の諸手当を含む労務費であり、もう一つがここで解説する「提供施設整備費」です（図の左のブロック）。

一九七八年にアメリカ側から、円高が原因で在日米軍の維持が困難になっており、住宅建設などで日本側の負担を進めてほしいとの要請がありました。当時の金丸信防衛庁長官が、地位協定の「新しい解釈」「強気の解釈」でやれると判断し、野党などを説得する過程で「思いやりの精神で」と語ったことから、思いやり予算と通称されるようになったものです。

開始された七九年度こそ、三沢基地の隊舎、横田基地の住宅など「非戦闘関連施設」が主なものでしたが、すぐに戦争に不可欠な施設へと「昇格」します。八五年度以降、例えば三沢基地ではF－16戦闘機の耐爆シェルター、地下指揮所などが、嘉手納基地ではF－15戦闘機の耐爆シェルター、空中給油機など大型機のエンジン・テスト場などがつくられます。思いやり予算でつくられた横田基地の司令部ビルは、地下が核戦争も想定した作戦用のシェルターになっています。滑走路などは当初、政府が「直接米軍の戦闘に関わる恐れがあり、難しい」としていましたが、岩国基地の滑走路建設などでも思いやり予算が使われました。そういう躊躇《ちゅうちょ》があったのは、「米軍の武力行使と一体化する」こと、すなわち集団的自衛権に抵触する可能性のあることが問題とされたからですが、集団的自衛権の行使が一部容認された現在、日本の費用負担も「何でもアリ」になっていくことが懸念されます。

基地従業員の基本給や米兵の光熱水料等は地位協定では負担できないので特別協定を結ぶが、米軍が戦争するための基地建設費は現行地位協定で可能になる。この現実のなかにこそ、本書で強調してきた地位協定の有事即応型の本質があらわれています。

なお、「提供施設整備費」による米兵と家族のための住宅建設はすでに一万数千戸を超えています。寝室が四つある低層住宅は広さが一五七平方メートル、三寝室の高層住宅は一三七平方メートルの超高級マンション並み。司令官用は二三四平方メートルもあり、浴室だけで三つという豪華さです。米軍の基準に沿って建設するとこうなるのです。

「労務費」も基地従業員の手当だけではありません。基地内のクラブで使われるタキシードや蝶《ちょう》ネクタイまで日本が負担していることが追及され、当時の海部《かいふ》首相が「理論的に御説明するだけのあれがありません」（一九九〇年五月一八日、参議院予算委員会）とうろたえたこともありました。

●「リロケーション」費用と「施設」建設

さて、「提供施設整備費」に加え、思いやり予算が計上されるずっと前から、米軍のために日本の支出で「施設」を提供している例があります。現在もそれは続いており、最初に論じたなかで名前だけ紹介したもので、「提供施設移設整備費」あるいは「リロケーション費」と呼ばれるものです。「施設」の用語は共通しており、地位協定の「施設」とは何かが問題となります。

最初に支出されたのは、地位協定が生まれて間もない一九六三年です。横浜にあった「海浜住宅地区等」の返還を日本が求めたのですが、代わりに同種の住宅を別の場所につくることをアメリカから求められ、日本側の負担で建設することになったものです。ただ、日本側が移設を要請したことであり、建設されるのは住宅であって、同種・同規模のものを建設する(「移設」の名に値する)ものだったので、問題にはなりませんでした。

七〇年代末に「提供施設整備費」の計上が開始された際、政府を悩ませたのは、現在ある施設と同種・同規模のものを移転先に建設するならリロケーションと同じで、地位協定にある「施設の提供」と言えるが、まったく新しい施設の建設をどう説明できるのかということでした。地位協定にある「施設及び区域」とは「建物、工作物等の構築物及び土地、公有水面」であることは、一九七三年に政府の統一見解が示されています。しかし一方で、それまで基地内における建物の建設は、「合衆国は、施設及び区域内において、それらの設定、運営……のため必要なすべての措置を執ることができる」との地位協定第三条にもとづき、アメリカが権利の行使として全面的に行ってきたものであり、それが地位協定での費用負担の原則だとも思われてきたからです。七〇年代前半、三沢基地での米軍宿舎建設の日本側負担が問題になった時、政府は、「原則として代替の範囲を越える新築を含むことのないよう措置する」と国会で述べ、日本側が負担するのは、あくまで既存の建物を建て替える範囲のことだとしていたのです（一九七三年三月一三日、衆議院予算委員会）。

政府がこの答弁をくつがえし、新築も地位協定で可能だということの根拠として強弁したのは、一つは、「合衆国は……すべての措置を執ることができる」との地位協定三条の規定は、「できる」ということであって米軍が負担すべき義務を課したものではないということでした。もう一つは、新築することが安保条約の目的達成に資するならば、日本側が負担することは排除されないということでした。

そんなことを言いだせば、アメリカが日本を守るために必要だ、極東の平和と安全のために必要だと言えば、何でも日本側が支出できることになります。実際、九〇年代後半以降、在日米軍駐留経費として、新たに二つの項目が加わりましたが、それも同じ考え方からのものでした。

一つは、一九九六年度から開始されたSACO《サコ》（沖縄に関する特別行動委員会）関連経費で、沖縄の米軍基地を整理・縮小するという名目の予算です。しかし、実際には辺野古の新基地建設にあらわれているように、県内で基地をたらい回しし、基地を強化するために使われています。防衛費とは別枠扱いになっているので、防衛費が圧縮されることを気にせずに支出できるという特質があります。現在、辺野古の新基地建設のために海を埋め立てている途上で軟弱地盤があることが見つかり、三五〇〇億円以上と見込んでいた総工費について政府は一兆円が必要になると言明しましたが（沖縄県は二兆六〇〇〇億円と試算しています）、いくらでもおカネがつぎ込めるのは、これが防衛予算の枠外だからです。

もう一つは、二〇〇六年度に開始された在日米軍再編経費であり、現在、特別に大きな予算となっています。これは、沖縄にいる海兵隊をグアムに移転するので、移転先の米兵用の住宅、基地インフラの整備に充てるとされています。アメリカが日本ではない海外で基地を建設する費用をなぜ日本が支出できるのか。その根本問題が問われないまま、「沖縄の負担が減るからいいではないか」と進められたものですが、果たして本当に海兵隊が移転するのか、そうではなくグアムと沖縄を頻繁に行き来して、結局沖縄の負担は変わらないのではないかと懸念されています。

なお現在、福岡空港内の米軍施設が空港の滑走路増設にともなって空港内の別場所に移設されることになり、建設が進んでいます。同じ面積で同じ機能を持つ施設を移設先につくるので、内容的にはリロケーション費なのですが、空港施設ということで予算を出すのは国土交通省となっており、防衛省予算だけを見ていると全貌がつかめない構造になっています。しかも、空港法第六、七条は、こうした際に都道府県や市町村が三分の一を分担することを決めており、撤去を求めている福岡県や福岡市にも費用負担が発生するという、大きな矛盾が生まれています。

いずれにせよ、これら「施設」建設の日本負担に反対する場合、地位協定に反しているかどうかというよりも、その施設が日本の防衛に不可欠かどうかを重要な基準にすべきだと思います。それは、日本側負担をめぐる最近の局面とも関連します。

●在日米軍の役割を本格的に議論すべき時

現行の特別協定が終了する期限は、二〇二一年三月です。新協定の交渉過程では、地位協定をめぐる複雑な問題が浮かび上がりました。

アメリカのトランプ大統領（当時）は、大統領補佐官だったボルトン氏の回顧録によると、日本側の駐留経費負担を年間八〇億ドル（約八五〇〇億円）に引き上げることを求めたとされます。これまでの支出は二〇〇〇億円程度だったので、とてつもない額でした。

この数十年間、日本の負担額はどんどん拡大してきたため、これ以上の拡大は現実的に難しくなっていました。残っているのは、六一パーセントを払っている光熱水料等の負担を増やすこと、米兵の電話代やゴミ処理費用を新たに負担することなどですが、全部合わせても何百億円程度にしかなりません。しかも、トランプ氏は知らなかったのでしょうが、特別協定で負担している以外の負担も加えると、図7の数字を合計すれば分かるように、すでに日本の支出は毎年約八〇〇〇億円にまでなっているのです。米軍が駐留している他の国と比べ、日本の負担割合が格段に高いことについては、いろいろなところで紹介されています。

これ以上増やそうとすると、あとは米兵や軍属の給与を負担することと、米軍の戦闘機や艦船の燃料などを含む運用経費を負担すること以外にありませんでした。ボルトン氏によると、トランプ氏が主張する八〇億ドルの根拠とは、「コストプラス五〇パーセント」、すなわち実際にかかっているその国への駐留経費の全額に五割を上乗せした額ということですから、米兵の給与や米軍の運用経費をさらに超えて、日本を守っている感謝料も支払えということなのでしょう。

今回の特別協定交渉の行方は現時点で見通せませんが、この間の経緯が示すことは、在日米軍駐留経費のそもそも論の議論を提起することが必要になっているということです。一つは、在日米軍というのは、日本が必要経費に加え、五割を上乗せした費用を払っても足らないほど、この日本の防衛に貢献しているのかどうかです。その検証を抜きにして議論することは禍根を残すことになります。在日米軍の基本的な任務が日本防衛ではないことについては、アメリカの国防総省幹部その他のいくつもの発言があります。尖閣《せんかく》諸島の防衛をしないことについても同じです。本書は地位協定論なので深入りしませんが、在日米軍が日本の防衛にどれほど真剣なのかという問題こそ、旺盛な議論が求められるでしょう。

●特別法が一般法より普遍化する時代の選択肢

もう一つは、少し技術的な問題になりますが、特別協定を締結するやり方をいつまで続けるのかということです。地位協定のスタートは一九六〇年で、特別協定を最初に結んだのが八七年ですから、一般法である地位協定がそのまま通用したのは二七年間ということになります。行政協定から数えても三五年間です。

一方、最初の特別協定を結んでから、もう三三年が経ちました。地位協定だけでやってきた時代より、特別協定方式を採用してからのほうがすでに長い期間が経過しているのです。あと一〇年が経過すれば特別協定開始から四三年となり、行政協定の時代を含めて比較しても、特別協定の時代が長くなります。

特別法は一般法を破るのが原則だとはいえ、特定の条件のもとに限られます。だから一時的、暫定的なものとされ、五年が期限とされたのです。最初に特別協定を締結した時、外務省は国会で、「それ以上は地位協定の解釈上は不可能である」ので、「特例、一時的な暫定的な措置として新たな御負担を国会にお願いしている」(藤井宏昭北米局長、一九八七年五月一八日、衆議院外務委員会)、「最近の経済情勢の変化、労務費の急激な逼迫《ひっぱく》等にかんがみまして、暫定的、特例的、また時間的にも……五年間に限る」（柳井俊二審議官、同右）と答弁していました。

特別法が存在している時代のほうが、一般法だけだった時代より長くなっている。これは、特別法がもはや一般法のような役割を果たしているということです。法治国家としておかしくなっているといえます。

これを正常な状態に戻すには二つの方法があります。一つは、特別協定は五年間の暫定的なものという初心に立ち戻り、新たな協定は結ばないということです。もう一つは、特別協定の内容を地位協定上に明記すること、すなわち地位協定を改定することです。日本の負担を増やさないという点では前者が適切でしょうが、後者を採用した場合も、沖縄をはじめ米軍基地が置かれている自治体が共通して求める地位協定改定の議論につながるものであり、検討の余地があるのではないでしょうか。

組織の性格を明確にすべきだ

地位協定

1　この協定の実施に関して相互間の協議を必要とするすべての事項に関する日本国政府と合衆国政府との間の協議機関として、合同委員会を設置する。合同委員会は、特に、合衆国が相互協力及び安全保障条約の目的の遂行に当たつて使用するため必要とされる日本国内の施設及び区域を決定する協議機関として、任務を行なう。

2　合同委員会は、日本国政府の代表者一人及び合衆国政府の代表者一人で組織し、各代表者は、一人又は二人以上の代理及び職員団を有するものとする。合同委員会は、その手続規則を定め、並びに必要な補助機関及び事務機関を設ける。合同

行政協定

1　この協定の実施に関して相互の協議を必要とするすべての事項に関する日本国と合衆国との間の協議機関として、合同委員会を設置する。合同委員会は、特に、合衆国が安全保障条約第一条に掲げる目的の遂行に当つて使用するため必要とされる日本国内の施設又は区域を決定する協議機関として、任務を行う。

2　合同委員会は、日本国の代表者一人及び合衆国の代表者一人で組織し、各代表者は、一人又は二人以上の代理及び職員団を有するものとする。合同委員会は、その手続規則を定め、並びに必要な補助機関及び事務機関を設ける。合同委員会は、

委員会は、日本国政府又は合衆国政府のいずれか一方の代表者の要請があるときはいつでも直ちに会合することができるように組織する。

3　合同委員会は、問題を解決することができないときは、適当な経路を通じて、その問題をそれぞれの政府にさらに考慮されるように移すものとする。

日本国又は合衆国のいずれか一方の代表者の要請があるときはいつでも直ちに会合することができるように組織する。

3　合同委員会は、問題を解決することができないときは、適当な経路を通じて、その問題をそれぞれの政府に更に考慮されるように移すものとする。

（行政協定では第二十六条）

日米合同委員会の任務、組織その他について定めた条項です。言葉遣いを除き、行政協定の規定とほぼ同じです。「行政協定改訂問題点」は改善すべき点をあげておらず、当時の日本政府は、行政協定下の合同委員会のあり方を是としていたことが推測されます。

●協議機関であるが提供する基地に関しては決定もできる

合同委員会はまず、地位協定の実施にあたって必要となる「すべての事項に関する日本国政府と合衆国政府との間の協議機関」とされています。さらに、「特に……施設及び区域を決定する協議機関」であるとされ、基地（施設及び区域）に関しては、協議するだけではなく「決定する」機関でもあると明示されています。合同委員会は、米軍に提供する基地を「決定」できるのです。

一方、その基地の提供に関して、地位協定第二条1項aは、「個個の施設及び区域に関する協定は、第二十五条に定める合同委員会を通じて両政府が締結しなければならない」としています。基地に関する協定は「両政府が締結」することになっているのです。

他方、これまで実際に公表された基地提供に関する合意（例えば「五・一五メモ」）を見ると、合同委員会の代表者が署名しており、協定締結は合同委員会に権限があるように見えます。基地の提供は合同委員会が決めるのか、それとも両国政府が決めるのか、この両条の関係は分かりづらいと感じます。

外務省の説明によると、合同委員会はあくまで「協議機関」であるので、基地に関する協定は両政府が締結するとのことです。ですから、その種の協定を締結する場合、あわせて閣議決定を行っているそうです。なぜ「五・一五メモ」の署名が合同委員会の代表者になっているかと言えば、合同委員会の代表者が日本政府の代表者でもあるからというものです。

この説明はあと付けのように思えます。本来、合同委員会はやはり「協議機関」として発足したのでしょう。しかし、その合同委員会が、「決定機関」として機能をしはじめた。決定された基地協定のなかには、例えば沖縄でかつて許容されていた県道一〇四号線越えの実弾演習（後述）なども含まれており、国民生活に重大な影響のあるものも含まれていた。だから、合同委員会の決定を政府の正式な合意と位置づける必要があり、必要なものは閣議決定するようになった——。実際の経過はそんなものだったのではないでしょうか。

●基地の提供だけでなく他の事項の決定機関になっている

地位協定の実施にあたって、日米間で何らかの「協議機関」が求められるのは、ある意味で当然だと考えられます。強大な軍隊が日本国のなかで活動するわけですから、アメリカ側が「もっと便宜を図ってほしい」と望むにせよ、日本側が「そんな横暴は止《や》めてほしい」と求めるにせよ、どんなものであれ話し合うための機関は必要でしょう。

しかし、合同委員会の現状は、それをはるかに超えるものです。基地の提供を決定するだけでも、演習による被害その他、国民に与える影響は甚大なものですが、それに止まらない問題を引き起こすいくつもの問題が、合同委員会のあり方のなかに潜んでいます。

第一。地位協定の実施に関する「すべての事項」を協議すると定められているように、まさにあらゆる事項がそこで協議されます。合同委員会の組織図（図8）を見ていただければ分かりますが、日本の各省庁の代表が名前を連ねています。日本には現在、一府一一省が存在しますが、防衛省や外務省はもちろんのこと、農水省（演習による漁業被害が起きています）や気象庁（気象データを米軍に提供しなければなりません）までが代表を送っています。ここに含まれていないのは、内閣府（犯罪取り締まりのため傘下の警察庁を入れるべき）、文部科学省（さすがにアメリカが日本の教育内容への口出しはできないということか）だけですから、扱う分野の広さが理解できると思います。

第二。地位協定で合同委員会が「決定する」ことが許されているのは基地の提供に関する事項だけなのに、本書でずっと見てきたように、それ以外の広範な分野で決定を行っていることです。合同委員会が基地提供以外のことで決定機関とされている現状は、そもそも地位協定の明文から導き出すことはできません。

しかも、外務省は国会で、「日米合同委員会の合意……これは、日本と米国の間で交わされております国際約束でございます。したがいまして、米側にはこの合意の遵守義務がございます」（一九八六年一〇月三〇日、衆議院内閣委員会）と答えたことがあります。米側に遵守義務があれば、同様に日本側にも遵守義務が発生するということです。

図8 日米合同委員会組織図

2020年5月現在

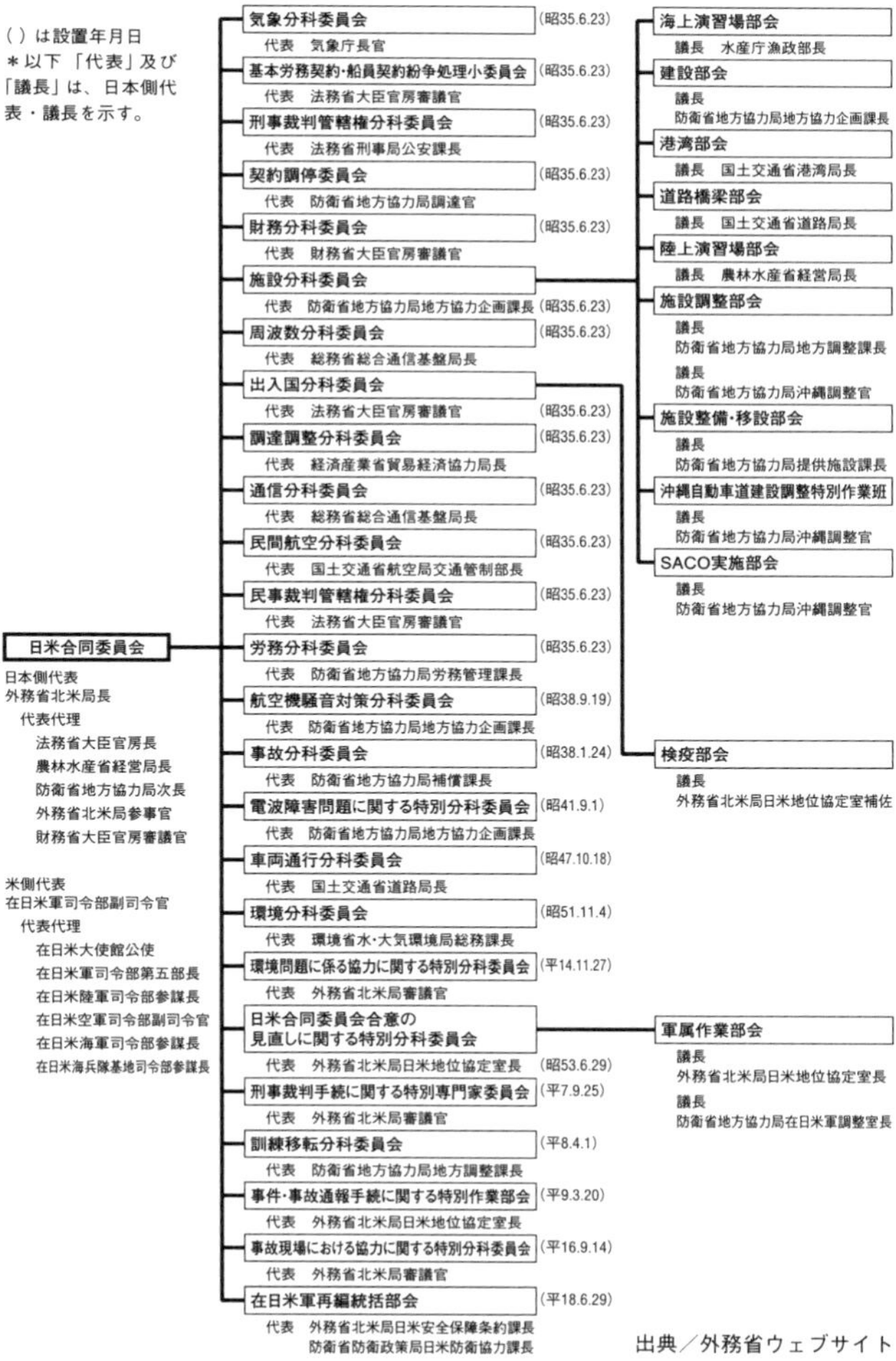
( )は設置年月日
＊以下「代表」及び「議長」は、日本側代表・議長を示す。
日米合同委員会
日本側代表
外務省北米局長
代表代理
法務省大臣官房長
農林水産省経営局長
防衛省地方協力局次長
外務省北米局参事官
財務省大臣官房審議官
米側代表
在日米軍司令部副司令官
代表代理
在日米大使館公使
在日米軍司令部第五部長
在日米陸軍司令部参謀長
在日米空軍司令部副司令官
在日米海軍司令部参謀長
在日米海兵隊基地司令部参謀長
気象分科委員会 (昭35.6.23)
代表　気象庁長官
基本労務契約・船員契約紛争処理小委員会 (昭35.6.23)
代表　法務省大臣官房審議官
刑事裁判管轄権分科委員会 (昭35.6.23)
代表　法務省刑事局公安課長
契約調停委員会 (昭35.6.23)
代表　防衛省地方協力局調達官
財務分科委員会 (昭35.6.23)
代表　財務省大臣官房審議官
施設分科委員会 (昭35.6.23)
代表　防衛省地方協力局地方協力企画課長
周波数分科委員会 (昭35.6.23)
代表　総務省総合通信基盤局長
出入国分科委員会 (昭35.6.23)
代表　法務省大臣官房審議官
調達調整分科委員会 (昭35.6.23)
代表　経済産業省貿易経済協力局長
通信分科委員会 (昭35.6.23)
代表　総務省総合通信基盤局長
民間航空分科委員会 (昭35.6.23)
代表　国土交通省航空局交通管制部長
民事裁判管轄権分科委員会 (昭35.6.23)
代表　法務省大臣官房審議官
労務分科委員会 (昭35.6.23)
代表　防衛省地方協力局労務管理課長
航空機騒音対策分科委員会 (昭38.9.19)
代表　防衛省地方協力局地方協力企画課長
事故分科委員会 (昭38.1.24)
代表　防衛省地方協力局補償課長
電波障害問題に関する特別分科委員会 (昭41.9.1)
代表　防衛省地方協力局地方協力企画課長
車両通行分科委員会 (昭47.10.18)
代表　国土交通省道路局長
環境分科委員会 (昭51.11.4)
代表　環境省水・大気環境局総務課長
環境問題に係る協力に関する特別分科委員会 (平14.11.27)
代表　外務省北米局審議官
日米合同委員会合意の見直しに関する特別分科委員会 (昭53.6.29)
代表　外務省北米局日米地位協定室長
刑事裁判手続に関する特別専門家委員会 (平7.9.25)
代表　外務省北米局審議官
訓練移転分科委員会 (平8.4.1)
代表　防衛省地方協力局地方調整課長
事件・事故通報手続に関する特別作業部会 (平9.3.20)
代表　外務省北米局日米地位協定室長
事故現場における協力に関する特別分科委員会 (平16.9.14)
代表　外務省北米局審議官
在日米軍再編統括部会 (平18.6.29)
代表　外務省北米局日米安全保障条約課長
防衛省防衛政策局日米防衛協力課長
海上演習場部会
議長　水産庁漁政部長
建設部会
議長
防衛省地方協力局地方協力企画課長
港湾部会
議長　国土交通省港湾局長
道路橋梁部会
議長　国土交通省道路局長
陸上演習場部会
議長　農林水産省経営局長
施設調整部会
議長
防衛省地方協力局地方調整課長
議長
防衛省地方協力局沖縄調整官
施設整備・移設部会
議長
防衛省地方協力局提供施設課長
沖縄自動車道建設調整特別作業班
議長
防衛省地方協力局沖縄調整官
SACO実施部会
議長
防衛省地方協力局沖縄調整官
検疫部会
議長
外務省北米局日米地位協定室補佐
軍属作業部会
議長
外務省北米局日米地位協定室長
議長
防衛省地方協力局在日米軍調整室長

出典／外務省ウェブサイト

もちろん、国会の承認を必要としない国際合意も存在します。例えば、日本が開発途上国に円借款を供与するための協定は、予算の範囲内だということを理由に、行政府同士が合意するだけで良いとされてきました。国会の承認を得るべき国際合意として政府が基準にしてきたのは、いわゆる「大平三原則」と呼ばれるものです（一九七四年二月二〇日、衆議院外務委員会）。具体的には、１「法律事項を含む国際約束」、２「財政事項を含む国際約束」と、３「わが国と相手国との間あるいは国家間一般の基本的な関係を法的に規定するという意味において政治的に重要な国際約束であって、それゆえに、発効のために批准が要件とされているもの」とされてきました。米軍が日本の空の管制を行うとする合同委員会合意などは、少なくとも「政治的に重要な国際約束」ですし、本来なら法律事項にすべき性格のものです。

第三。合同委員会合意のなかには、こうして大平三原則に該当するものがあるのではないかと思われるのですが、そのための証拠が簡単には得られません。なぜなら、日米地位協定ができた一九六〇年、最初に開かれた合同委員会において、「合同委員会の公式な議事録は両政府に関する正式な文書と見なされ、双方の合意がない限り公表されない」と決められ、公表されたからです。合同委員会合意は非公表が原則なのに、非公表にすることだけは公表されたのですから、笑い話のようなものです。

●合意事項の公表は不可欠である

合同委員会合意は非公表のため、どれだけの数の合意があるのかさえ分かっていません。沖縄の少女暴行事件（一九九五年）で地位協定改定の世論が沸騰していた時期、国会で追及された外務省が、基地の提供に関する合意の総数は約三五〇〇件だと答えました（一九九五年一〇月二四日、参議院外務委員会）。その当時、外務省に問い合わせたところ、それ以外を含む総数が約四〇〇〇件ということでしたから、その時点で基地の提供以外の合意が約五〇〇件だったことになります。なお、昨年末、国会議員を通して外務省に聞いたところ、関係省庁がつくっているものは外務省として網羅的に把握しておらず、総数も分からないということでした。

これらのうち、公表されている合意は、九五年時点での外務省の回答では約一〇〇〇件とされ、ほとんどは基地の提供に関する合意です。提供された基地に関しては、官報で、基地名や面積、使用目的などが告示されます。その点では、外務省の言う「実施細則」（「地位協定の考え方」）のような性格があることは否定できません。ただし、官報で告示されるのは合意のすべてではありません。例えば、沖縄では一九七三年三月三〇日から、キャンプ・ハンセンの基地内を通る県道一〇四号線越えの実弾演習が開始され、演習の日には県道が閉鎖されるようになりました（九七年以降は本土も含めた分散実施に変更）。しかし、官報（一九七二年防衛施設庁告示第一二号）にはそのようなことは記載されておらず、まさか頭の上を実弾が飛び交う演習がされるなど誰も想像できませんでした。それに対して沖縄県などが国と米軍に抗議するなかで、「日米合同委員会の合意によって、米軍の活動を妨げない限り、一般住民の使用が認められている」（沖縄県のウェブサイト）と、政府は県道越え実弾演習の根拠が合同委員会の合意に関する協定にあることを認めたのです（ようやく九七年三月二五日に「五・一五メモ」として公表。そこに「この区域は、射撃訓練のために使用される」と明記されていた）。「実施細則」であっても、あるいは「実施細則」であるなら、それこそ地位協定の精神から外れていないことが当然でしょうから、全容を公表すべきものです。

合同委員会合意が公表されないため、秘密裏に国民の権利と暮らしを侵害する取り決めがされているのではないかという疑惑が生まれます。第十七条で紹介したものですが、公務外の事件、事故で日本が第一次裁判権を行使する場合、重大なもの以外は裁判権を行使しないという合意は、その最たるものです。その現実が目の前にあることが、同じように国会のコントロールを超えた合意を合同委員会が行い、秘密にしているのではないかという憶測を増幅させるのです。

軍事にかかわることですから、秘密にしておかねばならない事項が生まれることはあり得ます（軍事を否定した日本国憲法ではそんなことはあり得ないという議論はとりあえず措《お》いて）。その場合も、秘密でないものは全容を公表するとともに、秘密にかかわるものは「この合意は軍事秘密なので非公表」という理由を明確にし、タイトルだけは公表するべきです。

●決定機関として残すなら改革が不可欠

合同委員会をどうすべきなのか。これについては二つの方向性があり得ると思います。

一つは、協議機関としての性格を明確にすることです。合同委員会の会議の場で、日本側の代表が米軍の代表に対して、「基地被害を軽減せよ」と詰め寄っているという話を聞いたことがありません。公表されないから見えないだけかもしれませんが、噂《うわさ》としても伝わってきていない。行政協定の締結にかかわった外務省の西村熊雄が、「行政協定は、安保条約よりも国民の日常生活に直接影響するところが大きい。だから、行政協定は実施の経験に応じて絶えず改善されてゆかねばならない。合同委員会は協議機関としてそこにある」（『安全保障条約論』時事通信社）と述べましたが、その種の機関として機能させるなら、日本にとっても意味があるでしょう。

その場合、合同委員会の代表者のあり方は、現状のままでもかまいません。地位協定では、「日本国政府の代表者一人及び合衆国政府の代表者一人で組織」され、さらに複数の代理を置くことも許されています。日本側は外務省北米局長が代表者で、各省庁の役人五名が代理になっています。アメリカ側の代表者は軍人（在日米軍副司令官）で、代理六名のうち、一人は文民（在日大使館公使）ですが、他はすべて軍人です。日本側が基地被害の軽減を働きかけ、アメリカ側が協定の枠内で軍隊への便宜を求めるなら、日本の側は行政府で、アメリカの側は軍人という、現状のような構成もあり得るでしょう。

他方で、合同委員会を「協議機関」というだけでなく「決定機関」として残し、個別基地の協定だけでなくあらゆる分野で決定を行う現状を容認する場合はどうでしょうか。しかも日本政府を拘束するような決定を行う機関として残す場合です。

国家を拘束するような外交的な取り決めを軍人を相手に結ぶ――。これは、常識的にあり得ないことです。本書の執筆に際し、外務省に対して、軍人を相手国の代表者として結んだ条約、協定、その他の外交取り決めにはどんなものがあるのかを問い合わせました。それに対して外務省は、法的拘束力を持つ国家間の合意は、外交当局間で結んだものに限られると答えました。

軍人というのは、当然のことですが、軍事的な合理性を根拠にして発言し、行動します。戦争に勝つことが軍人の使命なのですから、それが当たり前なのです。けれども、相手国との関係においては、経済的利益や国際法の規定など軍事以外のさまざまな要素を考慮しなければならず、それらを総合調整できる人物（主には外務省）が、外交交渉の担い手になります。合同委員会のアメリカ代表が軍人であることは、アメリカがこの場では軍事面だけを判断の要素にしていることを意味しており、外交上の常識を逸脱しています。ただの協議機関なら許せても、両国を拘束する決定機関としては、あり得ない形態なのです。

外務省はそのことを国会で問われた際、「（地位協定は）法的拘束力を持ついわゆる政府間の協定かという御質問だとすれば、そういうものではございません。これはあくまで地位協定の運用であるとか解釈であるとか実施の細目であるとか、そういったものを合同委員会の場で協議をした上で、そこでの合意ないしは一致した見解ということで書きとどめたもの」（一九九五年一一月九日、参議院外務委員会）であるとして、合意は法的拘束力のあるものではないかのように言いつくろっています。ところが一方で、「政府間の協定という意味で法的拘束力を持たないから守られないものだというふうには全く考えておりません」（同右）とも答えています。軍人を相手に結んだ外交取り決めに拘束力はあるのかと問えば「法的拘束力はない」と答え、合意に法的効力のないことの確認を求められると遵守義務があるかのように答える。支離滅裂とはこのことです。現実に存在する合同委員会が、地位協定上は協議機関でありながら、実態は外交取り決めの決定機関となっている現状が、このような答弁を生みだしてしまうのでしょう。

合同委員会を協議機関として残すなら、日本側は国家の主権と国民の人権のために、日本の利益を貫くように努力する。決定機関として位置づけるなら、外交交渉の場にふさわしく、軍人を代表者から外し（代理として参加するのはかまいません）、国務省の役人を代表者とする――。合同委員会にはこのような改革を加えることが不可欠でしょう。

〈資料〉第二十六条、二十七条、二十八条、後文（＊下欄の行政協定は第二十四条以降対応する条数がズレている）

地位協定

第二十六条

1　この協定は、日本国及び合衆国によりそれぞれの国内法上の手続に従つて承認されなければならず、その承認を通知する公文が交換されるものとする。

2　この協定は、1に定める手続が完了した後、相互協力及び安全保障条約の効力発生の日に効力を生じ、千九百五十二年二月二十八日に東京で署名された日本国とアメリカ合衆国との間の安全保障条約第三条に基く行政協定（改正を含む。）は、

行政協定

第二十七条

1　この協定は、日本国と合衆国との間の安全保障条約が効力を生ずる日に効力を生ずる。

その時に終了する。
3　この協定の各当事国の政府は、この協定の規定中その実施のため予算上及び立法上の措置を必要とするものについて、必要なその措置を立法機関に求めることを約束する。

第二十七条

いずれの政府も、この協定のいずれの条についてもその改正をいつでも要請することができる。その場合には、両政府は、適当な経路を通じて交渉するものとする。

第二十八条

この協定及びその合意された改正は、相互協力及び安全保障条約が有効である間、有効とする。ただし、それ以前に両政府間の合意によって終了させたときは、この限りでない。

2　この協定の各当事者は、この協定の規定中その実施のため予算上及び立法上の措置を必要とするものについて、必要なその措置を立法機関に求めることを約束する。

第二十八条

いずれの当事者も、この協定のいずれの条についてもその改正をいつでも要請することができる。その場合には、両政府は、適当な経路を通じて交渉するものとする。

第二十九条

この協定及びその合意された改正は、安全保障条約が有効である間、有効とする。但し、それ以前に両当事者間の合意によって終了させたときは、この限りでない。

以上の証拠として、下名の全権委員は、この協定に署名した。
千九百六十年一月十九日にワシントンで、ひとしく正文である日本語及び英語により本書二通を作成した。

日本国のために
岸信介
藤山愛一郎
石井光次郎
足立正
朝海浩一郎

アメリカ合衆国のために
クリスチャン・A・ハーター
ダグラス・マックアーサー二世
J・グレイアム・パースンズ

以上の証拠として、両政府の代表者は、このために正当な委任を受け、この協定に署名した。
千九百五十二年二月二十八日に東京で、ひとしく正文である日本語及び英語により本書二通を作成した。

日本国政府のために
岡崎勝男

アメリカ合衆国政府のために
ディーン・ラスク
アール・ジョンソン

あとがき

米兵による凶悪な事件が発生したり、米軍機が墜落事故を起こしたりする度に、地位協定という言葉がメディアを賑《にぎ》わせます。ですから多くの人は、その時々、協定の該当箇所を目にすることになるでしょう。しかし、地位協定の全条項ということになると、自分とは関係のない分野も多くあるように思われますし、使い慣れない難解な用語が出てくるため、普段はなかなか目を通す機会がないのが現実です。しかし、地位協定は全体が在日米軍の運用と深くかかわっているものであり、すべてを理解しないと日米安保と日米関係の全貌にたどり着くことはできません。

そういう思いもあり、何年か前から、地位協定を逐条的に分析する本を書きたいと考えてきました。しかし、そうはいっても、細かい取り決めを含む条約文書であり、ただ逐条的に書くだけでは単調になることを怖《おそ》れ、ずっと躊躇していたのです。

その時に目に飛び込んできたのが、本書の「まえがき」でも紹介し、本文の叙述の一つの肝にもなっている「行政協定改訂問題点」に関する「沖縄タイムス」の報道でした（二〇二〇年一月）。行政協定を地位協定に改定する対米交渉にあたって、政府が逐条的に改正すべき項目をまとめ上げ、アメリカ側と交渉していたというものでした。地位協定の研究者にとっては周知の事実であり、部分的に内容を紹介した著作もありますが、それをきっかけに「行政協定改訂問題点」の全体にはじめて目を通してみて、これを活用すれば、単調な解説になることを避けられるのではないかと感じました。なぜならそこには、日本政府が在日米軍の運用のどこに問題があると感じ、どこを改定すべきか実際に要求し、そしてその結果、アメリカが何を受け入れ、何を受け入れなかったのかがリアルに示されているからです。

一九五九年に行政協定改定の交渉を開始することが決まった時、おそらく日本の官僚のなかでは、これで主権を奪われた現状から脱出することができるのではないかと、ある種の期待が膨らんだのではないでしょうか。その期待を胸に、省庁を横断して行政協定の問題点を洗い出す作業を行い、整理していった。しかし、当時の岸信介首相がめざしていた日米安保条約の改定は、アメリカが日本の国土を基地として自由に使うことに制約を加えるものどころか、自衛隊をアメリカの軍事作戦と一体化させることすら想定したものだったので、政府に仕える官僚として行政協定の本質的な部分には手を付けられないとあきらめざるを得なかった。しかし、それ以外のところでは主権国家としての矜持を何としてでも示したいと考えていた。「行政協定改訂問題点」には、そんな官僚たちの苦悩と意気込みが示されているように思います。

けれども、その程度のことであっても、アメリカの壁は厚かったのでしょう。多くの場合、日本側の求めは受け入れられませんでした。官僚たちは、日本の主権が否定されていることが地位協定に刻印されないよう、「権利」という言葉を「措置」に変えたりして、何とか人の目に触れて恥ずかしくないようなものにすることに腐心せざるを得なかった。それこそが、この交渉の顚末《てんまつ》だったと感じます。日米地位協定には、そんな日本のオモテとウラも含め、日本の真実が詰まっているということを、本書を書きながら痛感しました。

そこから筆者がつかんだ日米関係の実態は、本書の全体を通して指摘しているつもりです。整理して言うと、以下の三つになるでしょうか。

・占領延長型
・有事即応型
・国民無視型

NATOなどと異なる日米安保の最大の特質は、前者が第二次大戦における勝者を中心にした同盟であるのに対して（ドイツは敗戦国だが、できあがった同盟にあとから加わったので、勝者の同盟であるという現実は変わらない）、後者は勝者と敗者による同盟であることです。主権国家同士の同盟と、主権を奪った国と奪われた国の同盟と言い換えてもかまいません。そういう歴史的経過の違いが、地位協定の条文という形式を超えて、米軍駐留の実態に大きな違いをもたらしています。日米関係は「占領延長型」――そのことが今回の作業を通じ感じたことの一つです。

同時に、日米安保条約は、第二次大戦終了後の平時につくられたＮＡＴＯとは異なり、最初は朝鮮戦争のさなかに結ばれました。そして、新安保条約になって以降も、長期間にわたって冷戦のなかでソ連を仮想敵とし、現在になっても法的には北朝鮮との戦争が終了せず、いつでも戦時体制に移行する即応体制がとられるなど、「有事即応型」の運用がされてきました。そのような運用をアメリカが求め、日本もまたそれを必要としてきたことが、日米地位協定を性格づけてきました。

さらに、いくら有事即応型であれ、主権国家であれば、実際にそこで暮らしている人々の生活と権利を奪うようなことは簡単にはできません。米軍は本土で有事即応型の激しい訓練をする時は住民に配慮して行います。ところが、日本においては政府が、日本国民に被害を与えるようなことがあっても、米軍による無制限な運用を許容しているように見えます。仮想敵に圧力をかける有事即応型を優先させ、その結果、国民の人権、暮らしが圧迫される「国民無視型」の地位協定運用になっているのです。その縮図が沖縄の実態です。

日本ではアメリカ本土と異なり、なぜ「有事即応型」と「国民無視型」が合体してしまうのでしょうか。アメリカ本土でできるなら、日本でも同じようにできるはずですし、日本政府はそれをアメリカに求めるべきではないのか。誰もがそう思うでしょう。しかし、そうなってはいません。

そこにあるのが、両国の間に存在する支配・従属の構造だと思います。アメリカは、民主主義国家として本土では有権者である米国民を無視できないのですが、従属国家である日本の有権者は民主主義の外にある存在なのです。日本政府の立場から見ると、有権者である日本国民よりも、支配者であるアメリカに目を向けざるを得ず、軍事がからんでしまうと日本は民主主義国家ではなくなってしまうということです。

その現実に接する度に、思い出すことがあります。筆者は若い頃、ソ連や東欧の共産党指導下の青年組織を相手に仕事をしていた時期があり、たとえば核兵器廃絶の必要性を国際会議の決定などに盛り込むための議論などをしていました。その際に体験したのは、どの組織もなかなか首を縦に振ることはないのですが、それでもソ連だけは態度を変える場合があることです。

そんなソ連の変化を目にすると、それまでソ連に追随して核廃絶は難しいと主張してきた東欧の組織は戸惑いを隠せませんが、やはりソ連に楯突《たてつ》くことはできず、またしてもソ連の言う通りになるのです。そんなことになるのは、ソ連には態度を変える決定権があったが、東欧にはなかったという違いがあるからです。

日本におけるアメリカと、東欧におけるソ連は、似たような位置にあります。だから結局、大事な問題でも国民を無視することになってしまうところが共通しています。

軍事にかかわる問題になると日本に決定権がないというのは悲しい現実です。そこから抜け出すのは容易ではないにしても、必ずやり遂げなければならないことです。日米地位協定を根本的に変える闘いと、現行協定の下でも日本の主権を貫く闘いと、その双方が不可欠です。

日米地位協定の逐条的な分析からも、そんな日米関係の実態、本質が見えてくるのは、筆者にとってはある程度予想していたこととはいえ、それなりに大きな驚きでした。その驚きを読者のみなさんと共有することができれば、筆者としてそれに優《まさ》る幸せはありません。

二〇二一年一月

松竹伸幸

松竹伸幸（まつたけ　のぶゆき）

一九五五年長崎県生まれ。ジャーナリスト・編集者、日本平和学会会員、自衛隊を活かす会（代表・柳澤協二）事務局長。専門は外交・安全保障。一橋大学社会学部卒業。『改憲的護憲論』（集英社新書）、『9条が世界を変える』『「日本会議」史観の乗り越え方』（かもがわ出版）、『反戦の世界史』『「基地国家・日本」の形成と展開』（新日本出版社）、『憲法九条の軍事戦略』『集団的自衛権の深層』『対米従属の謎』（平凡社新書）など著作多数。

〈全《ぜん》条《じょう》項《こう》分《ぶん》析《せき》〉日《にち》米《べい》地《ち》位《い》協《きょう》定《てい》の真《しん》実《じつ》

集英社新書一〇五五A

二〇二一年二月二二日　第一刷発行

著者……松《まつ》竹《たけ》伸《のぶ》幸《ゆき》

発行者……樋口尚也

発行所……株式会社集英社

東京都千代田区一ツ橋二-五-一〇　郵便番号一〇一-八〇五〇

電話　〇三-三二三〇-六三九一（編集部）
〇三-三二三〇-六〇八〇（読者係）
〇三-三二三〇-六三九三（販売部）書店専用

装幀……原　研哉　　組版……MOTHER

印刷所……大日本印刷株式会社　凸版印刷株式会社

製本所……加藤製本株式会社

定価はカバーに表示してあります。

© Matsutake Nobuyuki 2021

ISBN 978-4-08-721155-9 C0231

Printed in Japan

造本には十分注意しておりますが、乱丁・落丁（本のページ順序の間違いや抜け落ち）の場合はお取り替え致します。購入された書店名を明記して小社読者係宛にお送り下さい。送料は小社負担でお取り替え致します。但し、古書店で購入したものについてはお取り替え出来ません。なお、本書の一部あるいは全部を無断で複写・複製することは、法律で認められた場合を除き、著作権の侵害となります。また、業者など、読者本人以外による本書のデジタル化は、いかなる場合でも一切認められませんのでご注意下さい。

a pilot of wisdom

pilot of wisdom

集英社新書　好評既刊

忘れじの外国人レスラー伝
斎藤文彦　1044-H
昭和から平成の前半にかけて活躍した伝説の外国人レスラー一〇人。彼らの黄金期から晩年を綴る。

悲しみとともにどう生きるか
柳田邦男／若松英輔／星野智幸／東畑開人／平野啓一郎／島薗 進／入江 杏　1045-C
「グリーフケア」に希望を見出した入江杏の呼びかけに応えた六人が、悲しみの向き合い方について語る。

ニッポン巡礼〈ヴィジュアル版〉
アレックス・カー　045-V
滞日五〇年を超える著者が、知る人ぞ知る「かくれ里」を厳選。日本の魅力が隠された場所を紹介する。

原子力の哲学
戸谷洋志　1047-C
七人の哲学者の思想から原子力の脅威にさらされた世界と、人間の存在の根源について問うていく。

花ちゃんのサラダ　昭和の思い出日記〈ノンフィクション〉
南條竹則　1048-N
懐かしいメニューの数々をきっかけに、在りし日の風景をノスタルジー豊かに描き出す南條商店版『銀の匙』。

万葉百歌　こころの旅
松本章男　1049-F
随筆の名手が万葉集より百歌を厳選。瑞々しい解釈と美しいエッセイを添え、読者の魂を解き放つ旅へ誘う。

拡張するキュレーション　価値を生み出す技術
暮沢剛巳　1050-F
情報を組み換え、新たな価値を生み出すキュレーション。その「知的生産技術」としての実践を読み解く。

福島が沈黙した日　原発事故と甲状腺被ばく
榊原崇仁　1051-B
福島原発事故による放射線被害がいかに隠蔽・歪曲されたか。文書の解析と取材により、真実に迫る。

女性差別はどう作られてきたか
中村敏子　1052-B
なぜ、女性を不当に差別する社会は生まれたのか。西洋と日本で異なる背景を「家父長制」から読み解く。

退屈とポスト・トゥルース　SNSに搾取されないための哲学
マーク・キングウェル／上岡伸雄・訳　1053-C
哲学者であり名エッセイストである著者が、ネットとSNSに対する鋭い洞察を小気味よい筆致で綴る。

既刊情報の詳細は集英社新書のホームページへ
http://shinsho.shueisha.co.jp/